Die Winzer
Graubündens

und ihre Weine

Martin Kilchmann

Die Winzer Graubündens

und ihre Weine

Fotografiert von Jörg Wilczek

AT Verlag

© 2010

AT Verlag, Aarau und München

Fotos: Jörg Wilczek, wilczek@sunrise.ch

Bildaufbereitung: Vogt-Schild Druck, Derendingen

Druck und Bindearbeiten: APPL, aprinta druck, Wemding

Printed in Germany

ISBN 978-3-03800-517-9

www.at-verlag.ch

Inhalt

Einleitung

Das Weinanbaugebiet zwischen Bonaduz und Fläsch entlang des Rheins nennt sich selbstbewusst und etwas kokett «Burgund der Schweiz». Souverän und unangefochten herrscht hier der Blauburgunder, der Pinot noir. 77 Prozent der insgesamt 421 Hektar Anbaufläche sind mit dieser königlichen Rebsorte bestockt.

König Pinot noir

Der Pinot noir ist ein «Finöggel», eine Mimose in Rebengestalt. Denn die im wörtlichen und übertragenen Sinn dünnhäutige Sorte verzeiht keinen Fehler – weder im Rebberg noch im Keller. Sie verlangt nach tiefen Erträgen und schonender Behandlung. Umso grösser ist dann der Lohn der Arbeit: In Vollendung steht der Pinot noir über allen anderen Weinen.

Expressiver, vielschichtiger, kraftvoller und mit mehr Schmelz gerät der Blauburgunder nirgends in der Schweiz so gut wie im Churer Rheintal und in der Herrschaft mit den vier Gemeinden Malans, Jenins, Maienfeld und Fläsch. Das hat mit drei Dingen zu tun: mit dem Klima, dem Terroir und den Winzerinnen und Winzern, die das Beste daraus machen.

Das Klima

Die sanft gegen Süden und Südwesten geneigten Hänge am Fusse der Bergflanken, die vor Nordwinden und Nebel schützen, sind klimatisch verwöhnt. Das Bündner Rheintal ist die wärmste Weinbaugegend der deutschen Schweiz. Die Sonne scheint hier im Durchschnitt 1800 Stunden. Zum Vergleich: 1500 Stunden sind es am Zürichsee. Die Herbste sind mild, trocken und nebelfrei. Hilfreich ist der Föhn, der sprichwörtliche «Traubenkocher». Er bringt das gute Erntewetter, verjagt die hohe Luftfeuchtigkeit und damit das Gespenst der Botrytis, konzentriert die Trauben am Stock und treibt dadurch die Öchslewerte in die Höhe.

Das Terroir Das Terroir im Bündner Rheintal ist relativ homogen und eignet sich ausgezeichnet für die Burgundersorten Chardonnay, Weiss-, Grau- und Blauburgunder. Die Reben wurzeln zwischen 650 und 500 Meter auf Böden aus tonig-kalkigem Bündner Schiefer, der von den Bächen und Rüfen heruntergebracht und zu weiten Schuttfächern geformt wurde.

Die Winzerinnen und Winzer In Graubünden sind heute zwei Winzergenerationen im Alter zwischen dreissig und sechzig Jahren an der Arbeit, wie es sie qualifizierter noch nie gegeben hat. Die Elite hat im Ausland geschnuppert, weiss, dass der Weinhorizont nicht vom Falknis und dem Calanda begrenzt ist. Dennoch schimmert immer dieser spezielle alpine Menschenschlag durch, zurückhaltend bis verschlossen, geprägt von einem starken Selbstbewusstsein, gespeist aus der Überzeugung, zur Spitze der Schweizer Winzerschaft zu gehören. Die Szene ist lebendig, tauscht sich untereinander aus, gleichsam wie in einer Kreativwerkstatt. Es wird ausprobiert und experimentiert. In den Reben mit naturschonenden Bewirtschaftungsmethoden, fremden Rebsorten und unterschiedlichen Klonen. Im Keller mit verschiedenartigen Kelterungstechniken, mit Kaltmazeration, Spontanvergärung, Ganztraubenpressung, mit Barriqueausbau, Verzicht auf Schönung und Filtration bis zur leidigen Frage des Flaschenverschlusses, wo der fehleranfällige Korken Konkurrenz durch Drehverschluss, Glasstopfen oder Diam-Kork erhält.

Geschichte So gut wie heute waren die Bündner Weine noch nie. Und doch bauen sie auf einer stolzen Geschichte auf. Zu vermuten ist, dass bereits zur Zeit der Römer Weinbau betrieben wurde. Beweise dafür fehlen allerdings. Das Testament des Bischofs Tello von Chur gilt heute als erste urkundliche Erwähnung eines Rebbaus. 765 nach Christus vermachte er darin dem Kloster Disentis einen Gutshof in Sagogn mit Wiesen, Äckern, Obstgärten und Weinbergen.

Bis ins Mittelalter waren die meisten, auch heute noch bekannten Schweizer Rebbaugebiete – darunter natürlich auch das Bündner Rheintal – mit (weissen) Rebsorten bepflanzt, etwa dem Elbling. Die Einführung des Blauburgunders nach Graubünden fällt in die Zeit des Dreissigjährigen Kriegs (1618–1648). Heimkehrende Söldner brachten damals Rebstecklinge mit nach Hause – man darf davon ausgehen, dass ihnen der Wein in Frankreich gemundet hatte. Innerhalb kurzer Zeit soll sich dann die Umstellung des ganzen Rebgebiets auf die Blauburgunderrebe vollzogen haben.

Während die restliche Schweiz im ersten Drittel des 20. Jahrhunderts eine schlimme Rebbaukrise durchlitt, ausgelöst durch die drei grossen aus Amerika importierten Pla-

gen Echter und Falscher Mehltau sowie Reblaus, und die Anbaufläche von 34 000 auf 12 000 Hektar sank, konnte sich Graubünden einigermassen behaupten, da die Reblaus offenbar den Weg an den Alpenrhein nicht fand. Den Tiefstand mit 157 Hektar Rebfläche brachte erst die Dezimierung durch den legendären Frost im Jahr 1956. Bis 1970 stieg der Weinbau allmählich wieder auf 200 Hektar. Der entscheidende Sprung vollzog sich aber zwischen 1970 und 2009, als die Fläche auf 421 Hektar hochschnellte und Graubünden zum drittgrössten Weinbaukanton der Deutschschweiz avancierte. Verantwortlich für die Erweiterung waren die Gesamtmelioration in Fläsch 1969 bis 1975 sowie Neuanlagen in Malans, Maienfeld, Jenins und Felsberg.

Die Zukunft   Heute erzeugen rund siebzig Betriebe aus 42 verschiedenen Rebsorten eine breite Palette von Weinen. Das Güteniveau liegt gesamthaft gesehen erfreulich hoch. Die vielleicht zwanzig Spitzenproduzenten erzeugen Weine, die auch im internationalen Kontext gute Figur machen – obwohl bis auf Gantenbein aus Fläsch kein Betrieb in nennenswertem Umfang exportiert. Auch wenn in einzelnen Betrieben nicht jedes Jahr Jubelstimmung herrscht – der Weinbau findet in der Natur statt, 2010 etwa wurden nach dem nassen Juni viele Weingüter vom Falschen Mehltau (Peronospera) heimgesucht –, zeigt sich die Gegenwart von einer heiteren Seite.

Und die Zukunft? Da werden vorab zwei Problemfelder zu bearbeiten sein: zum einen der Umgang mit dem Holz, sprich der Ausbau der Weine in Barriques, der für die Topweine eines Sortiments inzwischen gang und gäbe ist. Zwar scheint die Zeit der rauchigen, überholzten, nach Karamell und Colafröschen riechenden, überextrahierten, mit trockenen Holztanninen beladenen Tropfen abgelaufen. Noch gibt es aber genug Weine, die zu offensichtlich mit ihrem Holz kokettieren. Hier ist weitere Feinarbeit zu leisten.

Zum anderen drängt das Thema der Klimaerwärmung. Die Öchslegrade erklimmen regelmässig Höchstwerte. Erreichte der Blauburgunder in den neunziger Jahren als Maximum dreimal 97 Grad Öchsle (1990, 1995 und 1999), so wurde dieser Wert in den Nullerjahren nur einmal nicht erzielt (2002), fünfmal gab es dagegen hundert oder mehr Öchslegrade (2003, 2005, 2006, 2008, 2009) – und damit alkoholreiche Weine, die schlecht mit der rebsortenspezifischen Finesse des Pinot noir harmonieren. Ins Visier gerät dadurch die Diskussion des idealen Erntezeitpunktes. Und ins Visier gerät möglicherweise auch eine Standortdiskussion. Die Versetzung des Blauburgunders etwa an die Stelle des Riesling-Silvaners und dessen Verschiebung in die Höhe. «Bis jetzt hat die Herrschaft von der Klimaveränderung profitiert. Wenn es aber so weiter geht, braucht es Anpassungen», sagt Hans Peter Ruffner, Präsident des Branchenverbands Graubünden Wein.

In Graubünden wächst der erste Wein am Rhein. Das kann man durchaus zweideutig verstehen. Der Rhein, dieser kraftvolle, mythische, vielbesungene Strom, fliesst auf seiner Reise von den Alpen in die Nordsee durch viele Weinbaugebiete. Zahllose Rebberge säumen seinen Weg. So besehen, ist es ein hübscher Zufall, dass sich Wein auf Rhein reimt, und eine treffliche Bestätigung dieser Beobachtung zugleich. Wer dem Wasser von der Quelle flussabwärts folgt, begegnet als Erstes Graubündens Weinbergen. Erstrangig sind aber auch die Weine, welche die auf den folgenden Seiten porträtierten Bündner Winzerinnen und Winzer (deren Auswahl im Übrigen keinen Anspruch auf Vollständigkeit erhebt) aus den Trauben keltern, die ihnen die prächtig gelegenen «Wingerte» schenken. Und das soll auch in Zukunft so bleiben.

Von Reichenau bis Landquart

Churer Rheintal

Der Weinreisende, der Graubünden in Flussrichtung des Rheins durchstreift, begegnet den ersten Rebbergen und Winzerdörfern lange vor der Bündner Herrschaft mit den Orten Malans, Jenins, Maienfeld und Fläsch, welche die Aufmerksamkeit der Weinliebhaber zuweilen mit einer solchen Ausschliesslichkeit besetzen, dass zu Unrecht die schönen Weine aus den warmen Rebbergen von Felsberg, Chur, Trimmis oder Zizers ausgeblendet werden.

Diese Weinberge liegen zwischen 550 und 650 Meter über Meer und bestehen aus steinigem, tiefgründigem, kalkreichem Bündnerschiefer. Das Gebiet ist etwas niederschlagsärmer als die weiter rheinabwärts gelegene Herrschaft. Tagsüber sorgt die starke Sonneneinstrahlung für die Erwärmung der Trauben, nachts kühlt sie der über die steilen Felswände herabstreichende Fallwind ab. Das Wechselspiel von heissen Tagen und kühlen Nächten fördert die Aromenbildung in den Trauben.

Bedeutendste Ortschaft im Churer Rheintal ist heute Zizers. Seine Anbaufläche beträgt 39 Hektar, ein knappes Zehntel der kantonalen Rebfläche. Seine besten Weine können mit ihrer Fruchtfülle, ihrer Kraft und Komplexität jenen der Herrschaft durchaus das Wasser reichen. Ein Vergleich könnte höchstens eine verschiedenartige Stilistik bezeichnen, aber kein Qualitätsgefälle. Zweitgrösstes Winzerdorf nach Zizers ist Trimmis mit 18 Hektar; rund ein Viertel seiner Rebfläche ist Eigentum des Bistums Chur. Chur selbst, die Kantonshauptstadt, vor über hundert Jahren noch im Besitz von rund hundert Hektar Reben, zählt heute bloss noch neun Hektar und ist vor allem für seinen Churer Schiller bekannt.

Der geringere Bekanntheitsgrad der Weine aus dem Churer Rheintal liegt vielleicht auch darin begründet, dass das Anbaugebiet nicht viele zugkräftige Namen kennt. Es gehen hier mehr Tropfen in «anonyme» Händlerabfüllungen, als es Weine von profilierten Selbstkelterern gibt. Die nachfolgend porträtierten Winzer setzen dem jedoch ein starkes Lebenszeichen entgegen.

Gian-Battista von Tscharner

Schloss Reichenau, Reichenau

Rebberge stehen zwar (noch) keine beim ersten Weingut am jungen Rhein. Dafür kann Reichenau aber ein veritables Schloss vorweisen und in der Person von Gian-Battista von Tscharner einen Schlossherrn von so unvergleichlicher Statur, als ob es schon zu Beginn gälte, sämtliche Zweifel an der Originalität und Eigenständigkeit der Bündner Gewächse auch dem hartnäckigsten Skeptiker ein für alle Male auszutreiben.

Reichenau liegt am Zusammenfluss von Vorder- und Hinterrhein, am Ursprung des Alpenrheins, der diesen Namen bis zur Mündung in den Bodensee trägt. Zum Weiler gehören ein verpachtetes Hotel, der «Adler», ein Bauernhof, ein Schloss mit Kapelle und siebzig Räumen, Schlosskeller und Schlosspark. 1792 kam die Reichenau in den Besitz der Familie von Tscharner und beherbergte zwischenzeitlich eine Internatsschule, deren prominentester Lehrer der exilierte spätere französische Bürgerkönig Louis-Philippe war. Er unterrichtete in Reichenau unter dem Decknamen Monsieur Chabos Geometrie und Geografie. Nach mehreren Eigentümerwechseln gelangte das Anwesen über Gian-Battistas Mutter wieder in die Familie von Tscharner zurück.

Heute ist Gian-Battista von Tscharner alleiniger Besitzer und bewohnt die weitläufige Anlage mit seiner Frau Anni und den drei Kindern. Gian-Battista – seit jeher werden die männlichen Erstgeborenen der Familie Johann Baptista genannt – obliegt damit die kräftezehrende Verwaltung des Guts, welche ihm kaum noch Zeit für seine zweite und dritte Leidenschaft, die Jagd und die Fotografie, lässt.

Seine erste Leidenschaft freilich, der auch sein 1986 geborener Sohn Johann-Battista frönt und ihn dabei allmählich in den Betrieb hineinwachsen lässt, ist die Weinerzeugung. Ihr widmet er sich mit einem solchen Furor, dass die Frage, welches das grössere Ereignis sei, die Weine oder der Mann, dem sie zu verdanken sind, unbeantwortet bleibt. Von Tscharner bewirtschaftet 5,5 Hektar Reben – teils in Besitz, teils in Pacht – in Felsberg, Chur, Jenins und Maienfeld. 2006 feierte er mit einem rauschenden Fest, vielen Gästen und einer fulminanten Degustation von älteren Jahrgängen das dreissigjährige Bestehen des Betriebs. Blauburgunder und Pinot gris sind seine beiden Lieblingssorten. Duftigkeit, Eleganz, Finesse, aber auch eine überraschende, urwüchsige Kraft schätzt er beim Pinot noir; die Würze, die Konzentration, das Spiel von Süsse und Säure sowie die eigentümlich salzige Mineralik liebt er beim Pinot gris. Beim Blauburgunder arbeitet er schön die terroirtypischen Eigenschaften der Weine heraus: da die Glut des feurigen Felsberger «Hoharai» aus steiler, heisser, trockener Lage; dort die feine Frucht, Eleganz und Subtilität des Jeninser «Tscharnergut» aus einem kühleren, sanfteren «Wingert».

Gian-Battista von Tscharner kultiviert nicht weniger als sechzehn Rebsorten. Am besten lernt man die vielen Weine kennen, wenn man mit ihm in den tiefen Gewölbekeller steigt. Zunächst tänzelt er pfeifend um die eng zusammen liegenden Weinbehälter und zapft die eine oder andere jugendliche Probe. Dann geht's ins düstere «Carnotzet». Hier fühlt man sich geborgen wie in einer Höhle. Flaschen zuhauf werden entkorkt. Da von Tscharner später als andere abfüllt, hinken sie meist einen Jahrgang hinterher. Alle Weine sprechen eine eigene, unverwechselbare Sprache. Auffällig ist ihre Farbintensität und kräftige Aromatik. «Die Weine sind so dunkel, weil ich eine schwarze Seele habe», sagt Gian-Battista und bedient dabei mehr oder weniger unfreiwillig die Klischeeschublade, in deren Falle unversehens tappt, wer den mächtigen Mann mit dem wilden grauschwarzen Bart beschreibt. Doch, man lasse sich von der Fassade nicht täuschen. Hinter dem Raubein verbirgt sich ein feiner, eloquenter Mensch mit Esprit und Humor. Zum Wilden gesellt sich das Zarte. Und von Tscharners (Rot-)Weine sind zwar dunkel, doch das verdanken sie keiner Magie, sondern einer intensiven, handwerklichen Kelterung, die auf alle überflüssigen Eingriffe verzichtet und den Weinen Zeit für die langsame Reifung lässt. Daneben besitzen sie aber auch tiefe Frucht und Würze.

Von Tscharners vielleicht auffälligster Wein ist der Churer Blauburgunder «Gian-Battista». Nicht nur weil er in einer schweren, bauchigen Flasche liegt, die des Meisters Unterschrift trägt. Sondern auch weil in ihm trotz aller Zähmung noch immer eine Art gebirglerische Wildheit durchscheint. Das widerspenstigste Gewächs stammt von zwei kleinen, warmen Lagen in der Kantonshauptstadt Chur. Ein Jahr später als die Barriqueweine seiner Kollegen abgefüllt, hat es, so will es scheinen, in den jüngsten Jahrgängen an Feinheit gewonnen – ohne freilich seinen kantigen Charakter zu verlieren. Der Wein gärt lange in offenen Standen; der Tresterhut wird regelmässig manuell gestossen. Der Ausbau vollzieht sich über 24 Monate in zu fünfzig Prozent neuen Eichen-Piècen. Der Charaktertropfen gehört zum Sortiment des Mémoire des Vins Suisses, einer Art Schatzkammer des Schweizer Weins, die mit einer Jahrgangssammlung von exemplarischen Gewächsen den Beweis antreten will, dass auch Schweizer Weine mit Gewinn zu altern verstehen.

Weinbau von Tscharner
Schloss Reichenau
7015 Reichenau
Telefon 081 641 11 95
vontscharner@dtc.ch
www.reichenau.ch
(im Aufbau)

Anbaufläche
5,5 Hektar

Wichtigste Rebsorten
Pinot gris, Pinot blanc,
Completer,
Blauburgunder

Jährliche Produktion
25 000 bis 30 000 Flaschen

WILLI RYFFEL

Trimmis

Ist es der Langlauf oder das Winzern? Willi Ryffel jedenfalls wirkt jugendlich und frisch, obwohl seine Pensionierung schon ein paar Jährchen zurückliegt. Seit 1985 betreibt er den Weinbau als Hobby, ein ehrgeiziger und erfolgreicher Langläufer war er schon vorher. 33 Aren beträgt die Fläche, die er in der vorzüglichen, südwestwärts geneigten Lage Inner Hag in Trimmis bewirtschaftet. Drei Tonnen Trauben kauft er darüber hinaus im Herbst dazu, seit ihm das dritte Lebensalter mehr Musse lässt. Die Weine keltert er im funktionell eingerichteten Weinkeller seines Einfamilienhauses. Er ist damit, wie er selbst sagt, «der grösste Hobbywinzer Graubündens».

Die Weine sind in ihrer unkomplizierten, zugänglichen Art ein Spiegelbild ihres Erzeugers. Sie spannen den Bogen vom Trimmiser Riesling-Silvaner bis zum Merlot Monticello aus Trauben, die im italienischsprachigen Misox gewachsen sind. Im Zentrum stehen drei unterschiedlich dichte Blauburgunder aus Inner Hag mit dem stattlichen Pinot noir Barrique an der Spitze.

Ryffel Weinbau
Cholplatzweg 2
7203 Trimmis
Telefon 076 347 88 24
www.ryffel-weinbau.ch

Anbaufläche
0,33 Hektar plus
Traubenzukauf

Wichtigste Rebsorten
Riesling-Silvaner,
Blauburgunder, Merlot
(aus dem Misox)

Jährliche Produktion
5500 Flaschen

Philipp Grendelmeier

Zizers

Es ist unbestritten, dass die Weine aus der Rebbaugemeinde Zizers nicht dasselbe glänzende Renommee besitzen wie jene aus den vier Dörfern der Bündner Herrschaft. Im Churer Rheintal fehlt die Dichte der Selbstkelterer, es gibt nur wenige zugkräftige Namen, und fast scheint es so, als ob einzelne Zizerser Winzer dem noch Vorschub leisten würden. Wie anders wäre zu erklären, dass sie die Herkunftsbezeichnung «Zizers» nur mikroskopisch klein aufs Etikett schreiben oder gar darauf verzichten und sich mit «Churer Rheintal» begnügen?

Weinbau Familie
Grendelmeier-Bannwart
Im Tschalär
7205 Zizers
Telefon 079 682 34 11
www.zizerser.ch

Anbaufläche
4,7 Hektar

Wichtigste Rebsorten
Riesling-Silvaner, Pinot
gris, Sauvignon blanc,
Pinot noir

Jährliche Produktion
25 000 bis 30 000 Flaschen

Doch es gibt auch die andere Seite. Philipp Grendelmeier ist einer ihrer wackersten Vertreter. Mit Leidenschaft und Herzblut widmet er sich der Zizerser Sache und leidet sichtlich, wenn er sein Weinbaudorf wieder einmal zu respektlos behandelt sieht. Vielleicht liegt diese Verbundenheit, dieses Engagement in seiner Herkunft begründet: Philipp Grendelmeier ist in Zürich aufgewachsen und hat sich an der ETH zum Lebensmittelingenieur ausgebildet. Stets begleitete ihn, gleichsam als Grundstrom, die Sehnsucht nach Graubünden. Als er während des Studiums seine künftige Frau Yvonne Bannwart, eine angehende Agronomin, kennen lernt, gibt diese dem diffusen Sehnen eine konkrete Richtung. Grendelmeier folgt ihr auf den elterlichen Bauernhof nach Zizers und kümmert sich dort fortan um den Rebbau. 1992 keltert er die ersten Blauburgundertrauben von 24-jährigen Rebstöcken aus der Zizerser Toplage Ochsenweid. Kontinuierlich vergrössert er die Produktion und baut als «Frucht- und Beerenfanatiker» parallel dazu ein kleines florierendes Geschäft mit selbst hergestellten Konfitüren und Fruchtsäften auf, mit dem er sich die Bündner Hotellerie erschliesst und das ihm als wohlfeiler Türöffner für seine Weine dient.

Denn Grendelmeiers Gewächse sind eher unspektakulärer Natur. Der autodidaktisch geschulte Winzer geht einen pragmatischen Weg zwischen Tradition und Moderne. Vorsichtig lotet er aus, was kellertechnisch möglich ist, und korrigiert den Kurs, wenn sich dieser wie etwa beim Verzicht auf Filtration als zu riskant erweist. 75 Prozent der Produktion entfallen auf den Blauburgunder. Das Sortiment ist in zwei Segmente unterteilt: Da die «klassische Linie», fruchtbetont und unkompliziert. Dort die «rätoromanische Linie» mit im grossen und im kleinen Holzfass ausgebauten Pinot noirs und den zwei markanten Cuvées «Dus Alvs» und «Trais Cotschens» – erstere eine würzige Assemblage von Sauvignon blanc und Pinot gris; letztere eine südlich anmutende Mischung von Merlot, Cabernet Dorsa und Zweigelt. Die auf den ersten Blick wenig plausible rätoromanische Bezeichnung – in Zizers wird ausschliesslich deutsch gesprochen – ist wohl als Bekräftigung von Philipp Grendelmeiers Liebe zu Graubünden zu verstehen.

Thomas Mattmann

Zizers

Thomas Mattmann ist der auffälligste Weinproduzent von Zizers. Mit finanzieller Unterstützung von vier Investoren hat er Hutter, die grösste Weinfirma des Dorfes und seinerzeit eine der mächtigsten im Kanton, vor dem Konkurs gerettet, saniert und mit markanten Weinen neu positioniert.

Bei der Erfolgsgeschichte des 1971 geborenen Thomas Mattmann erstaunt zunächst sein Werdegang. Mattmann ist ein Zugezogener und Quereinsteiger. Aufgewachsen als Bauernbub im luzernischen Malters, absolvierte er eine Lehre als Chemielaborant und entschloss sich danach für eine Laufbahn als Winzer. Aus dem Hobby wurde Beruf. Schon in der Kindheit hatte er «lieber die Flaschen im elterlichen Weinkeller umgelagert als auf dem Feld gearbeitet». Sein Lehrer in der Sekundarschule, ein über die Region hinaus als exzentrisch bekannter Sammler von Burgunderweinen, vertiefte sein Interesse und setzte den Samen, der dann nach Winzerlehre und Önologenausbildung prächtig aufging.

Seine erste Stelle als Kellermeister fand Mattmann auf Schloss Reichenau bei Gian-Battista von Tscharner. 2003 wurde der junge Önologe dank seiner brillanten Nase und sei-

nem analytischen Erinnerungsvermögen Schweizer Meister im Weindegustieren. 2005 trat er an die Spitze der inzwischen in «Cicero Weinbau» umgetauften Firma Jakob Hutter. Thomas Mattmann ist nicht nur gut ausgebildet, sensorisch glänzend begabt und als bekennender Marathonläufer sportiv und ausdauernd. Der Tausendsassa ist auch ein begabter Selbstvermarkter. Sein Name dient ihm als Marke. Der Schriftzug «Mattmann» ziert unübersehbar die Etiketten seiner Cicero-Weine, die eine stilisierte Nase als Logo tragen. Ein gewisses Sendungsbewusstsein ist ihm nicht abzusprechen.

Nur, Vermarktungstalent und Mediengeschick würden nichts nützen, wenn die Weine nichts taugten. Das aber kann man Thomas Mattmann nicht vorwerfen. Er hat sich beim Pinot noir dem kräftigen, dichten, extrakt- und alkoholreichen Wein verschrieben. Dünne Säftchen sind seine Sache nicht. Die Weine haben Format und eine persönliche Handschrift. Sie verdanken ihren Charakter der handwerklichen Weinherstellung, die mit möglichst minimalen Eingriffen auskommt. «Meine Weine sollen weder aufgezuckert noch entsäuert, weder mit Sauerstoff versetzt noch mit Eichenchips aromatisiert werden – sie sollen ehrlich und unverfälscht ihre Herkunft widerspiegeln», sagt Mattmann jedem, der hören will – und vergisst dabei, dass dieses Statement eigentlich die Grundvoraussetzung jeder authentischen Weinproduktion ist.

Mattmanns Sortiment ist klug gestaltet. Da gefällt etwa der diskret fruchtbetonte Riesling-Silvaner – entgegen der in der Herrschaft grassierenden Mode trocken und nicht restsüss ausgebaut. Da sind Sauvignon blanc und Chardonnay, beide der Frische und Frucht verpflichtet, dieser zurückhaltend im Holz, jener expressiv und ohne biologischen Säureabbau im Stahltank vinifiziert. Spannend und typisch für Mattmanns Innovationsgeist: Riesling-Silvaner und Sauvignon blanc werden mit einer Hefe aus dem vorletzten Jahrhundert geimpft, die aus alten Hefestämmen eines noch sensationell lebendigen 1895er Räuschlings der Familie Schwarzenbach in Meilen vermehrt werden konnte.

Und da sind die roten Blauburgunder – mittlerweile gar in dreifacher Ausführung. «Der Mattmann» heisst selbstbewusst sein spektakulärster Wein, ein kraftvoller, tiefgründiger Pinot noir. Zu Reichenauer Zeiten, gleichsam als Studienobjekt, aus Churer Trauben vinifiziert und gerade mal ein einzelnes Barrique füllend, stammt der Wein seit 2006 von bis zu sechzig Jahre alten, ertragsarmen Zizerser Rebstöcken, die teilweise noch wurzelecht, das heisst nicht auf die reblausresistente amerikanische Unterlage gepfropft sind. Der Most wird in offenen Holzbottichen mit rebbergeigenen Hefen vergoren und regelmässig von Hand gestossen. Anschliessend reift er ein gutes Jahr in neuen und gebrauchten Barriques und ruht vor der Flaschenfüllung nochmals sechs Monate im grossen Holzfass.

Neben dem Premium-Wein gibt es einen trinkfreundlichen Churer Rheintaler Pinot noir, dessen Jahrgang 2008 ausgesprochen finessenreich gelungen ist. Und neuerdings eine

Cicero Weinbau AG
Postgasse 23
7205 Zizers
Telefon 081 300 61 11
www.ciceroweinbau.ch

Anbaufläche
6 Hektar, Traubenzukauf
aus 2,5 Hektar

Wichtigste Rebsorten
Riesling-Silvaner,
Sauvignon blanc,
Chardonnay, Pinot noir

Jährliche Produktion
30 000 bis 40 000 Flaschen

Novität namens «Q» aus dem benachbarten Kanton St. Gallen: Seit 2009 bewirtschaftet Thomas Mattmann in Quinten am Walensee einen Rebberg von zunächst einem halben Hektar Grösse; mittlerweile ist die Fläche bereits auf 1,2 Hektar angewachsen. Der steile «Wingert» zwischen See und den Felswänden der Churfirsten ist nur zu Fuss oder per Schiff erreichbar. Unser eloquenter Winzer gerät ins Schwärmen, wenn er von der mit alten Pinot-noir-Stöcken bepflanzten Lage erzählt. Man darf sich auf die Premiere freuen. Der opulente Jahrgang verheisst einen fulminanten Start.

Manfred Meier

Zizers

Die meisten Bündner Selbstkelterer können sich nicht über Absatzprobleme beklagen. Ihre Weine sind begehrt. Kaum ist der neue Jahrgang abgefüllt, ist er auch schon verkauft. Ein gutes Beispiel dafür ist Manfred Meier. Besucht man ihn im Winter in Zizers, stehen bloss noch ein paar kümmerliche Kartons herum. Und auch die sind reserviert. Meier vertröstet einen auf den Frühsommer, wenn an den zwei Weinverkaufstagen die neuen Weine degustiert und erworben werden können.

Manfred Meier führt neben Thomas Mattmann von Cicero Weinbau den zweiten herausragenden Winzerbetrieb in Zizers. Während Mattmann als Zuzüger unbelastet von Traditionen ans Werk gehen konnte, hatte Manfred Meier eine Geschichte weiterzuschreiben, als er 1992 als 25-Jähriger nach einer soliden Berufsausbildung im Welschland den 1968 gegründeten Betrieb von seinem Vater Andreas Meier übernahm. Andreas Meier – notabene der erste Selbstkelterer des Rheintals – hatte den Gewürztraminer nach Graubünden gebracht. Sein Sohn doppelte nach und setzte als erste Tat aus ähnlichem Pionierdrang Sauvignon-blanc-Reben in den kalkhaltigen Rüfischuttboden der Zizerser Ochsenweid. Heute zählt Manfred Meiers sanft barriquevergorener Sauvignon

Weinbau Manfred Meier

Vorburgstrasse 16

7205 Zizers

Telefon 079 620 76 60

www.weinbaumeier.ch

Anbaufläche

6 Hektar

Wichtigste Rebsorten

Riesling-Silvaner,

Sauvignon blanc,

Chardonnay, Pinot noir

Jährliche Produktion

35 000 Flaschen

blanc regelmässig zu den besten Vertretern dieser beliebten Sorte, der es in Graubünden zu behagen scheint, wie auch andere gelungene Tropfen von Peter und Rosi Hermann, Irene Grünenfelder, Daniel Marugg oder Thomas Mattmann trefflich zeigen.

Sauvignon blanc ist nicht Meiers einziger Weisswein. Daneben keltert er noch Riesling-Silvaner, Chardonnay und Pinot blanc. Mit gegen 50 Prozent seiner Produktion ist der Weissweinanteil für die Region ungewöhnlich hoch. Untreu wurde er aber deshalb auch dem Pinot noir nicht. Im Gegenteil. Meier offeriert eine differenzierte Palette von vier verschiedenen Blauburgundern. Das Spektrum reicht vom einfachen, fruchtbetonten, im Stahltank ausgebauten Tropfen bis zur konzentrierten, eichenholzgereiften, alkoholmächtigen Réserve, der ein Schuss Diolinoir zu einem etwas farbintensiveren Auftritt verhilft. Alle Weine besitzen eine mehr oder weniger ausgeprägte Dörrfruchtaromatik. Für Manfred Meier ist dieser «Bräteli-Charakter» eine terroirbedingte Zizerser Eigentümlichkeit.

Manfred Meiers Weine verdanken ihre Strahlkraft einem strengen Rebbau, der darauf ausgeht, jeden einzelnen Rebstock in sein Gleichgewicht zu bringen. Beseelt vom Wunsch nach «kraftvolleren, verrückteren Weinen» wusste er schon früh, dass der Weg dazu nur über den Rebberg führt. «Im Keller sind wir gut dotiert. Den Hebel muss man in der Produktion ansetzen», sagt er. Das bedeutet Ertragsbeschränkung über eine geringere Stockbelastung. 600 Gramm erntet er pro Quadratmeter. Beim Pinot noir Réserve halbiert er die Traube vor dem Farbumschlag, so dass nur noch 400 Gramm

übrig bleiben. Meiers Vater tat sich anfänglich schwer, den Sinn dieser Schnittaktion zu verstehen.

So zurückhaltend Manfred Meier auftritt, so wenig es ihn ins Rampenlicht drängt, so sehr liebt er doch seine kleinen Extravaganzen. Als Steckenpferd leistet er sich die Erzeugung eines herrlich portweinähnlichen Konzentrats namens Vintage. Kein Geringerer als der grosse Porto-Spezialist Dirk Niepoort hat ihm dabei zwecks kräftigerer Extraktion das Stampfen der Maische aus Pinot-noir- und Diolinoir-Trauben mit den blossen Füssen empfohlen. Und extravagant ist auch Meiers auffälliges Flaschen- und Etikettendesign. Die Flaschen sind mit grossen, farbkräftigen Buchstaben – Abkürzungen ihres Inhalts – beschriftet. Kapsel und Etikett tragen nicht weniger als fünfmal den Namen Meier. Der Effekt: Man liest sich dabei förmlich meierschwindlig.

MORITZ VILLINGER, PLANTAHOF

Landquart

LBBZ Plantahof

7302 Landquart

Telefon 081 307 45 45

www.plantahof.ch

Anbaufläche

2,5 Hektar

Wichtigste Rebsorten

Riesling-Silvaner, Pinot
gris, Pinot noir

Jährliche Produktion

15 000 bis 20 000 Flaschen

Wird bei einem offiziellen Anlass des Kantons Graubünden ein Wein ausgeschenkt, so ist es der weisse oder rote «Regierungswein» vom Plantahof in Landquart. Der stattliche Betrieb beherbergt das Landwirtschaftliche Bildungs- und Beratungszentrum. Eine Viehzucht gehört dazu und eine Schweinemast, es wird Obst angebaut und Wein erzeugt. Seit September 2007 heisst der verantwortliche Kellermeister Moritz Villinger. Der sportliche, gut ausgebildete Mann arbeitete vorher sechzehn Jahre bei Thomas Donatsch in Malans. Nachdem sein Vorgänger ziemlich überraschend nach Kanada auswanderte, musste Villinger praktisch von einem Tag auf den andern seine Aufgabe übernehmen und als erste Tat gleich den neuen Jahrgang einkellern.

Die Reben des Plantahofs wachsen auf drei Parzellen in Malans. Hauptsächlich Blauburgunder, daneben Riesling-Silvaner, Pinot gris, Chardonnay und Completer. Aus Chardonnay und Pinot gris wird der saftige weisse Regierungswein komponiert. Trotz der vier Sorten gibt es für die vielen Stammkunden des Plantahofs notorisch zu wenig Weisswein. Deshalb hat Moritz Villinger als gleichsam erste Amtshandlung aus seiner Jungfernernte 2007 einen lebhaften, kernigen Schiller aus Blauburgunder und Completer gekeltert. Einen zweiten weissen Akzent setzt er mit Sauvignon blanc. Die Reben wurden im Frühling 2008 gepflanzt. Nun gibt er sich Zeit, die einzelnen Lagen besser kennen zu lernen, um das Potenzial seiner Pinot noirs noch gründlicher auszuschöpfen und die Weine prägnanter zu differenzieren.

MALANS

Bündner Herrschaft

Malans ist ein stolzes, stattliches und auch ein fortschrittliches Dorf. Der Ortskern mit den Patrizierhäusern und den adligen Herrschaftssitzen ist von nationaler Bedeutung und figuriert im Schutzinventar des Bundes. Malans war einst wichtiger Warenumschlagplatz mit eigenem Markt an der Handelsroute zwischen Norden und Süden. Doch als beim Eisenbahnbau Landquart und nicht Malans die Hauptwerkstätte erhielt, hatte es mit der Handelsherrlichkeit ein Ende.

Ungebrochen ist die Bedeutung von Malans im Weinbau. Mit 98 Hektar Anbaufläche steht das Dorf an zweiter Stelle in der Bündner Herrschaft. Die Böden sind mittelschwer, kalkreich, bestehen aus Ton, Lehm und Sand. Die Lagen konzentrierten sich früher auf die südöstliche Seite des Dorfs mit der berühmten Completerhalde und aufs Dorfzentrum mit dem Küng etwa oder der Bothmarhalde. Später wurde nach Nordwesten expandiert, wo in den Selvenen als Kompensation für die überbauten Weinberge neue Rebfelder entstanden. Die Malanser sind stolz auf ihren Weinbau, sie fühlen sich gar als die heimlichen Leader der Herrschaft. Das begründen sie nicht nur mit der Tradition – der Rebbau ist hier urkundlich seit 926 nachgewiesen – und auch nicht nur mit den besonders günstigen klimatischen Bedingungen. Vielmehr begründen sie dieses Elitedenken auch mit ihrer fortschrittlichen Art, die neue Anbaumethoden – Malans ist das Mekka des biologischen Weinbaus in der Herrschaft – und Keltertechniken so unvoreingenommen prüft, wie sie offen gegenüber neuen Rebsorten ist: Riesling-Silvaner, Weiss- und Grauburgunder, Chardonnay, Freisamer, aber auch Cabernet Sauvignon oder Merlot wurden zuerst in Malans eingeführt.

GIANI BONER

Malans

Completer-Kellerei
Adolf Boner
Kirchgasse 9
7208 Malans
Telefon 081 322 14 80
completer-kellerei@
bluewin.ch

Anbaufläche
4,5 Hektar

Wichtigste Rebsorten
Pinot gris, Completer,
Pinot noir

Jährliche Produktion
45 000 bis 50 000 Flaschen

Natürlich keltert Giani Boner auch Riesling-Silvaner und Pinot gris in seinem sehens-werten Keller an der Malanser Kirchgasse. Die Weine gefallen durch solide Machart, Frische und Sortentypizität. Doch selbstverständlich spielt der Pinot noir auch hier die Hauptrolle. Die Standardversion mit dem geschmackvoll-altmodischen Etikett und der tiefgründigere «Grand Cru» – der Name formuliert selbstbewusst seinen Anspruch – sind dichte, fleischige Gewächse mit markanter Frucht, eher der dunkelfruchtigen (Zwetschgen, Kirschen) als der rotfruchtigen Seite zuneigend. Die Trauben wachsen hinter dem Dorf. Der Ertrag liegt nicht selbstquälerisch tief. Das Barriqueholz wird überlegt eingesetzt; ein kleiner Zusatz von Syrah verleiht den Weinen grössere Farbinten-sität. Es sind robuste, stattliche, typische Malanser Pinot noirs, die aus Giani Boners Completer-Kellerei kommen.

So zuverlässig gut diese Weine zweifellos sind, sie allein würden dem Weingut nicht den Ruf verschaffen, den es besitzt. Sein Renommee gründet auf dem Gewächs, welches es im Namen trägt. Mit ihrem Completer Réserve Barrique erzeugt die «Completer-Kellerei» einen Wein, der einzigartig in der Schweizer Weinlandschaft steht. Es ist ein

mächtiger Tropfen von beeindruckender Alterungsfähigkeit. Ein Solitär, was seine Pflanzen wie auch die Art seiner Herstellung betrifft, passend zum 1969 geborenen Giani Boner und seinem inzwischen aus dem Betrieb ausgeschiedenen Vater Adolf, die ganz im Sinne von Schillers Tell «der Starke ist am mächtigsten allein» ihren eigenen Weg gehen, bestärkt durch die Überzeugung, früher als alle anderen in Malans zum Qualitätsweinbau gefunden zu haben.

Giani Boner führt in die Completerhalde, wo die Trauben für den kantig-herben, säurebetonten Wein wachsen. Die überaus warme Lage südöstlich des Dorfs wird von Mauern geschützt. Hier sollen die Mönche vor über tausend Jahren die Reben gepflanzt haben. Hier hat der Wein überlebt, der den Chorherren des Churer Stifts nach dem Abendgebet, dem Completorium, in der Sakristei kredenzt wurde und dem er daher den Namen verdankt. Der 0,3 Hektar grosse Rebberg gehört Gaudenz von Salis von

Schloss Bothmar. 1991 mussten die teilweise uralten Rebstöcke wegen Altersschwäche ersetzt werden. Sie waren noch wurzelecht, das heisst, sie waren nicht auf reblausresistente amerikanische Unterlagsreben gepfropft.

Boners Completer besitzt seine Launen: unregelmässig im Ertrag und nicht jedes Jahr perfekt ausreifend. Auch bei Vollreife zwar öchslereich und damit alkoholstark, aber auch von schneidender Säure. Um den Wein trinkbar zu machen und ihm Komplexität zu verleihen, bedarf es eines jahrelangen Ausbaus in Eichenfässern. Fünf bis sieben Jahre reift Boners Completer in Barriques im tiefen, kühlen Gewölbekeller aus dem 12. Jahrhundert. Zusätzlich ein paar Jahre in der Flasche. Einzelne Jahrgänge fallen aus Qualitätsgründen aus. 2010 wird beispielsweise erst der 2000er verkauft. Die Flaschenmengen sind klein.

Gewiss, Giani Boner könnte es auch komfortabler haben und auf säureärmere, ertragssicherere Completer-Selektionen des Plantahofs zurückgreifen. Doch das würde wohl den Wein um seine archetypische Authentizität bringen. Ihm seinen kernigen Charakter rauben, der begleitet wird von der nussigen Sherrynote, dem Duft nach Quitten und exotischen Gewürzen und dem mineralisch-säurebetonten Abgang – ihn also um all das bringen, was ihn so unverwechselbar und einzigartig macht.

ROMAN CLAVADETSCHER

Malans

Clavadetscher
Oberdorfgasse 15
7208 Malans
Telefon 081 322 66 50
www.malanser.ch

Anbaufläche
3 Hektar

Wichtigste Rebsorten
Riesling-Silvaner,
Blauburgunder, Merlot

Jährliche Produktion
15 000 bis 18 000 Flaschen

Malans tickt anders als die übrigen Orte der Bündner Herrschaft. Politisch ist das Klima hier fortschrittlicher, grüner. Der Generationenwechsel im Weinbau hat sich früher vollzogen, und die Kurve zu herausragenden Weinen, die auch überregional punkten, wurde früher genommen. Und Malans profilierte sich auch als «grüne Insel», als heimliches Zentrum der biologisch-organischen Rebpflege. Anton Boner und Louis Liesch arbeiten seit zwanzig Jahren ohne Kunstdünger und ohne chemisch-synthetische Pflanzenschutzmittel. Godi Clavadetscher gar seit über dreissig Jahren. Alle besitzen sie die Knospe als Gütesiegel.

Biopionier Clavadetscher hat den Betrieb mittlerweile seinen Kindern übergeben und widmet sich ganz seinen Pferden. Adrian Clavadetscher kümmert sich um die Reben. Seine beste Parzelle ist der Küng – eine ummauerte, historische Parzelle von 2,5 Hektar Grösse oberhalb der Kirche mitten im Dorf. Sie gehört Gaudenz von Salis vom Schloss Bothmar. Roman Clavadetscher und seine Westschweizer Frau Valérie Cavin keltern den Wein und leiten den Betrieb, zu dem auch eine Fleischproduktion gehört. Die Tiere geniessen Freilaufhaltung und erhalten weder Kraftfutter noch andere Leistungsförderer. Valérie und Roman haben sich an der ETH in Zürich kennen gelernt, wo sie beide ein Agronomiestudium absolvierten.

Clavadetschers Weine werden im Keller des benachbarten Georg Fromm gekeltert. Dieses Einmieten hat sich aus der Torkelgemeinschaft entwickelt, die Fromm zusammen mit Clavadetscher, Jakob Liesch und Hans Wegelin zu Beginn der siebziger Jahre bildete. Liesch und Wegelin haben inzwischen längst ihren eigenen Keller gebaut. Clavadetschers träumen wohl davon, vielleicht auch weil das Nebeneinander von konventioneller und biologischer Produktion störungsanfällig ist. Roman und Valérie arbeiten mit einem Minimum an Eingriffen. Wenn immer möglich vergären sie mit Spontanhefen. Auf eine Chaptalisierung verzichten sie. Konzentriert wird mit der Methode des «Saigné», des Saftablassens vor der Vergärung. Auf die Zugabe von Schwefel wird bis vor der Flaschenabfüllung verzichtet. Ihr Hauptgewächs, der Blauburgunder Küng, ist ein subtiler, sanfter Wein mit schöner Himbeernote. Auch der Merlot hat sich ganz der Süffigkeit, dem unprätentiösen Trinkgenuss verschrieben. Die Bioweine der Familie Clavadetscher leben weniger von ihrer Kraft und Dichte als von Eleganz und Verspieltheit.

Hansruedi Guntli, Cottinelli

Malans

Das Weinhaus Cottinelli besteht zum einen aus der renommierten Weinhandlung mit einem breiten, vor allem in italienischen, spanischen und portugiesischen Provenienzen glänzend bestückten Sortiment. Zum andern keltert Cottinelli eine repräsentative Palette von weissen und roten Weinen aus Rebbergen von Chur bis Maienfeld. Sechzig Prozent des Umsatzes entfallen auf den Weinhandel, vierzig Prozent auf die Eigenkelterung. Das Unternehmen wurde 1868 von italienischen Immigranten in Chur gegründet und gehört seit 1994 zur Puschlaver Plozza-Gruppe. Ladengeschäft und Kellerei befinden sich im Industriequartier von Malans. Geschäftsführer ist seit 2003 der Zürcher Unterländer Hansruedi Guntli. Er führt die beiden Betriebe nüchtern, pragmatisch und mit einer gewissen herkunftsbedingten Distanz zur lebendigen Bündner Winzerszene. Cottinellis Eigengewächse sind in fünf Linien unterteilt. Da sind die gefälligen, im Stahltank ausgebauten «Standardweine» mit Gemeindeappellation: Riesling-Silvaner und Pinot noir. Zu den «Spezialitäten» gehören sortentypische Weissweine wie die Malanser Freisamer und Weissburgunder, der Maienfelder Sauvignon blanc oder die barriquegereiften Churer Chardonnay und Completer. «Klassisch» heissen die Lagenweine, der

Maienfelder Pinot noir aus dem historischen Marschallgut etwa oder der Churer Schiller vom Lürlibad. «Modern» schliesslich nennen sich die Weine, die aus dem 1999 angepflanzten Rebberg Molinära zwischen Trimmis und Zizers stammen. Der beste Wein daraus ist der Molina, eine Assemblage aus nicht weniger als acht roten Sorten: den neuen Cabernet-Kreuzungen Cabernet Dorsa, Dorio und Cubin, aus Diolinoir und Zweigelt sowie Merlot, Gamaret und Regent. Ausgebaut in neuen Barriques, dunkelrot und röstaromengeprägt, will der ziemlich sanft strukturierte, geschmeidige Wein vor allem jene Kundschaft bezirzen, die mit Blauburgunder ihre Mühe hat und südländische Fülle der nördlichen Eleganz vorzieht.

Cottinellis wahres Schmuckstück dürfte freilich die Amadeo-Linie sein. Es sind Riesling-Silvaner, Schiller und Pinot noirs aus den Rebbergen der uralten bischöflichen Domänen in Chur, Trimmis und Zizers. Das Malanser Weinhaus bewirtschaftet die zehn Hektar

Weinberge seit 1999 als begehrte Pacht. Der Name Amadeo ist eine Hommage an Amédée Grab, der von 1998 bis 2007 als Bischof der Diözese Chur amtete. Der schönste Wein der Serie ist der Amadeo Honoratus, eine nach Kirschen und Cassis duftende, weiche und komplexe Spätlese aus den ältesten Rebstöcken der bischöflichen Domäne in Zizers.

Verantwortlich für die Kelterung des weit gefassten Cottinelli-Sortiments ist Kellermeister Ruedi Schneider, der sich in drei Jahrzehnten, in denen er gleichsam zum Kellergeist mutiert ist, eine grosse Routine angeeignet hat. Mit Bravour behält er den Überblick, auch wenn nicht alle Weine immer die gleiche Reintönigkeit und Präzision besitzen. Doch angesichts der für Bündner Verhältnisse grossen Produktionsmenge von 250 000 Flaschen muss ihm das erst einmal einer nachmachen. Für die Reben ist seit einigen Jahren der junge Winzermeister Gaudenz Thürer zuständig.

Weinhaus Cottinelli
Karlihof
7208 Malans
Telefon 081 300 00 30
www.cottinelli.ch

Anbaufläche
22 Hektar und 10 Hektar
Traubenzukauf

Wichtigste Rebsorten
Riesling-Silvaner,
Pinot noir

Jährliche Produktion
250 000 Flaschen

Thomas und Martin Donatsch

Malans

Das Restaurant der Familie Donatsch in der Malanser Sternengasse heisst Winzerstube Zum Ochsen. Es könnte auch Wirtschaft zur Harmonie heissen. Denn es geht ausgeprägt harmonisch zu bei dieser Winzer- und Wirtefamilie. Vater Thomas Donatsch verkörpert die vierte Generation. Sohn Martin übernahm 2003 einen Teil der Verantwortung für den Betrieb. Die zwei arbeiten Hand in Hand – der ältere ist mehr der Künstler, der jüngere der Tüftler und Perfektionist. Mutter Heidi bildet das Scharnier zwischen den beiden. Mit eiserner Hand hält sie ihren Männern den Rücken frei und kümmert sich um das Wohl der vielen Gäste im weithin beliebten «Ochsen».

Ohne Thomas Donatsch müsste die jüngste Geschichte des Bündner Weinbaus umgeschrieben werden. Er öffnete den zufrieden in ihrer bergumkränzten Idylle lebenden Bündner Winzern den Blick aufs Burgund, auf jenes Gebiet, aus dem der Pinot noir vor über vierhundert Jahren den Weg an den Alpenrhein gefunden hat. Donatsch befreundete sich vor mehr als drei Jahrzehnten mit André Noblet, dem legendären Kellermeister der ebenso legendären Domaine de la Romanée-Conti. Neben manch hilfreichem Tipp schenkte dieser ihm auch drei gebrauchte La-Tâche-Eichenfässchen, in denen Thomas 1973 seinen ersten Pinot noir aus der Lage Spiger ausbaute – die Barrique-Premiere in Graubünden, ebenso kritisch wie ablehnend beäugt. Eine weitere vermeintliche Untat, die sich später wiederum als Grosstat erweisen sollte, war die Einführung des Chardonnay. Die Sorte war in den siebziger Jahren in Graubünden nicht zugelassen. Donatsch liess sich davon nicht beeindrucken. Heute hat der Chardonnay seinen festen Platz in fast jedem Weingarten eines Betriebs.

Meriten verblassen schnell, wenn die ihnen geschuldeten Weine den Vorschusslorbeeren nicht gerecht werden. Zum Glück kelterte Thomas Donatsch mit Fingerspitzengefühl und Risikobereitschaft spektakuläre Weine aus den Trauben seiner Reben in den Malanser Lagen Frassa, Halde, Bovel, Selvenen, Spiger und Michel. Schon in den achtziger Jahren gehörten sie mit ihrer stoffigen Würzigkeit, ihrer anziehenden Wärme und vor allem auch mit ihrer bemerkenswerten Alterungsfähigkeit zu den Schweizer Spitzenweinen.

Ein Spiritus rector als Vater kann einen Sohn beflügeln oder einschüchtern. Umso gespannter war man auf Martin Donatschs Statement. Mit zwei neuen Gewächsen, dem Chardonnay und dem Pinot noir Unique, hat der Junior gleich zwei wuchtige Pflöcke

eingeschlagen. Es sind konzentrierte, komplexe, potente Weine, entstanden aus einer doppelten Selektion: einer Auswahl der schönsten und reifsten Trauben und einer durch degustative Urteile gewonnenen Bestimmung der besten neuen Barriques. Martin zollte mit dieser auffälligen Stilistik zumindest in den ersten Jahrgängen seinen vielen erfolgreichen Praktika in den Weingebieten der Neuen Welt Tribut. Nachdem er sich ausgetobt hat, hat er aber von selbst zur Verfeinerung und Finesse gefunden.

Abgesehen vom Temperament und Körperbau unterscheiden sich Vater und Sohn wenig. Beide sind überaus stolz auf ihre Malanser Herkunft. Keine Frage für sie, welchem Ort der Herrschaft die Krone gebührt: «Das fabelhafte Malanser Klima und seine geschützten warmen Lagen schlagen das Winzerdorf im Vergleich mit dem Burgund der Côte de Nuits zu, während etwa Maienfeld eindeutig der Côte de Beaune zugehört.» Beide sind sich einig, dass ihre Rebsortenpalette zu gross ist und eine Beschränkung auf die Burgundersorten und den Completer sinnvoll wäre. Bordelaiser Sorten wie Sauvignon blanc und Cabernet Sauvignon hätten eigentlich in ihren Rebbergen wenig zu suchen.

Einigkeit herrscht auch in der Produktionsphilosphie: Beide halten wenig von übertrieben tiefen Erträgen und von allzu ausgereizter Kellertechnik wie Kaltmazeration, Spontangärung oder Verzicht auf Filtration. Sie orientieren sich «am gesunden Menschenverstand». Ein Rundgang mit Thomas oder Martin auf labyrinthisch verschlungenen Wegen durch die modernen Räume und die jahrhundertealten Gewölbe ihres sehenswerten Weinkellers gerät unversehens zu einem beeindruckenden Degustationsparcours, gespickt mit schönen Weinen und eloquenten Erörterungen.

Schlaflose Nächte bescherte der Familie die 2008 eingeführte Bündner Appellation d'Origine contrôllée (AOC). Sie erlaubt Lagenbezeichnungen nur, wenn der Wein in der Flasche ausschliesslich aus der deklarierten Lage stammt. Bei Donatsch entsprachen die Bezeichnungen Spiger und Selvenen für ihre Pinot noirs zuletzt mehr einem Gütesiegel als einem eindeutigen Herkunftsort. Nach reiflicher Überlegung wurden sie durch die Linien «Tradition» und «Passion» ersetzt. Ohne Identitätsverlust mutierten die Weine von Selvenen zu «Tradition», von Spiger zu «Passion». Der Chardonnay Passion wurde danach dank seiner komplexen, mineralischen, reifeerprobten Art ins Mémoire des Vins Suisses aufgenommen.

Letztes Zeichen der glücklichen Harmonie in der Familie Donatsch ist die gemeinsame Begeisterung für den urtümlichen, autochthonen Completer. Das Weingut verfügt über eine eigene Selektion in den Selvenen. Nach Neupflanzungen in Frassa und in der Halde, dem historischen Heimatort der Sorte, wird sich die Produktion relevant vergrössern. Jetzt müssen sich Heidi, Thomas und Martin nur noch einig werden, ob der authentische, mächtige, säurereiche Wein trocken oder mit abfedernder Restsüsse ausgebaut werden soll. Das Abflauen der Modewelle der restsüssen Weine dürfte die Frage dereinst vielleicht von selbst beantworten.

Weingut Donatsch
Winzerstube Zum Ochsen
Sternengasse 6
7208 Malans
Telefon 081 322 11 17
www.donatsch-malans.ch

Anbaufläche
4,5 Hektar und 1,5 Hektar
Traubenzukauf

Wichtigste Rebsorten
Pinot blanc, Chardonnay,
Completer, Pinot noir

Jährliche Produktion
35 000 Flaschen

GEORG FROMM

Malans

Die Abstecher zu Georg Fromm zählen zu den besonders erlebnis- und erkenntnis-reichen Winzervisiten. Obwohl auf die sechzig zugehend, hat sich der schlanke, gross-gewachsene Mann Jugendlichkeit und Neugierde bewahrt. Sein Horizont wird nicht durch den Glasrand beschränkt. Immer gibt es bei ihm etwas Neues zu entdecken, sei es bei der Degustation seiner Weine, sei es im Gespräch, das sich, nicht unbeeinflusst von esoterischem Gedankengut, weit spannt. Fromm kann bereits auf eine lebensge-sättigte Biografie zurückblicken. Bei meinem ersten Besuch vor vielen Jahren stand er vor der Abreise nach Neuseeland. Auf den Spuren eines Vorfahren hatte die Familie das Land bereist und war in Kontakt mit neuseeländischen Weinerzeugern gekommen, die ihnen eine Zusammenarbeit anboten. Sie prüften das Angebot, suchten fürs Malanser Weingut einen Stellvertreter und verabschiedeten sich 1993 nach Übersee.

Drei Jahre widmeten Ruth und Georg Fromm dem Aufbau des neuen Betriebs im An-baugebiet Marlborough auf der Südinsel Neuseelands. 1996 kehrten sie nach Malans zurück, und Georg besuchte Neuseeland fortan ein- bis zweimal pro Jahr, vorzugsweise vor der Ernte, wenn die letzten Weichen für einen neuen erfolgreichen Jahrgang gestellt

werden. Das Modell funktionierte, weil mit «Winemaker» Hätsch Kalberer ein Schweizer Fachmann vor Ort für Konstanz und Kontinuität bürgte.

Fromms Weingut in Neuseeland trug den sinnfälligen Namen La Strada – leicht auszusprechen in jeder Sprache und trefflich ein Lebensmotto seiner Gründer benennend. Georg Fromm ging denn auch neue Wege mit seinen «Kiwi-Weinen». Marlborough war damals hauptsächlich Weissweingebiet. Dem knackig-frischen, überbordend fruchtbetonten Sauvignon blanc verdankte die Neuseeländer Weinwirtschaft ihren Aufstieg. Georg Fromm indes setzte weniger auf weisse als auf rote Rebsorten. Er pflanzte Syrah, Malbec, Merlot, Cabernet Sauvignon und vor allem Pinot noir. Im Umgang mit diesem war er von zuhause geübt.

Die La-Strada-Weine, vor allem Fromms Pinot noirs, gehörten mit ihrer gebändigten Kraft und ihrem Fruchtschmelz rasch zur Elite dieser mittlerweile in Neuseeland hoch im Kurs stehenden Sorte. Der Erfolg ist erklärbar: George Fromm kam mit solider Winzerausbildung und Erfahrung nach Neuseeland. Noch blutjung hatte er 1970 in der legendären Torkelgemeinschaft mit Clavadetscher, Liesch und Wegelin seinen ersten Jahrgang gekeltert. Er zählte zu den Pionieren im Selbstkeltererdorf Malans. Er war sich gewohnt, die Rebberge wie ein Gärtner zu pflegen und nicht im auf Massenproduktion angelegten Weinfarming-Stil seiner neuseeländischen Kollegen. Strenger Winterschnitt, sorgfältige Laubarbeiten und kompromisslose Ertragsbegrenzung im Sommer schufen die Voraussetzung für Topweine.

Was Fromm in Neuseeland an rebbaulichem Wissen weitergeben konnte, erhielt er in Form von kellertechnischem Knowhow rückvergütet. Die neuseeländischen Weintechniker sind reisefreudig und mit allen Wassern der modernen Önologie gewaschen. Georg sog wie ein Schwamm auf, was in sein klassisch-burgundisch orientiertes Konzept des Weinmachens passte.

Bei meinem letzten Besuch an der Oberdorfgasse 11 in Malans war Fromm gerade wieder einmal aus Neuseeland zurückgekehrt. Es war sein erster Besuch seit drei Jahren. Denn 2007 hatte er, der Reiserei und der immer stärker gestiegenen Beanspruchung durch den Verkauf überdrüssig, den Betrieb an zwei Schweizer Investoren verkauft und nur einen Teil des Clayvin Vineyard zurückbehalten. Auch diesen Anteil will er jetzt abgeben. Neuseelands ungestümes Weinwachstum hat sich zu einer Blase entwickelt, die in der Krise zu platzen droht. Georg schaut wehmütig zurück, zumal die Weine der Fromm Winery nichts von ihrer Klasse verloren haben. «Es war eine tolle Erfahrung», sagt er, «aber man muss auch loslassen können.»

Vom Neuseelandabenteuer profitierten Fromms Malanser Weine. Im Gegensatz zum klimatisch verwöhnten Marlborough trifft er in Graubünden zwar auf die bekannten Bedingungen des hiesigen Weinbaus: auf eine relativ kurze, warme Vegetationsperiode mit

Weingut Georg Fromm
Oberdorfgasse 11
7208 Malans
Telefon 081 322 53 51
www.weingut-fromm.ch

Anbaufläche
3,5 Hektar und 1 Hektar
Traubenzukauf

Wichtigste Rebsorten
Riesling-Silvaner,
Chardonnay, Pinot noir,
Merlot

Jährliche Produktion
30 000 Flaschen

dem Föhn als «Traubenkocher», dessen Einfluss die öfter mangelhafte Reife des Blauburgunders mit etwas verbrannt wirkenden, alkoholischen Aromennoten überspielt. Doch Neupflanzungen mit früher reifenden, kleinbeerigen Klonen aus dem Burgund ermöglichen eine längere Reifeperiode, bessere Reifegrade und frischere, subtilere Aromen. Im Keller setzt der feinsinnige Pröbler wenn immer möglich auf eine Spontanvergärung mit natürlichen Hefen, verzichtet, wenn es der Wetterverlauf des Jahrgangs zulässt, auf Aufzuckern und Filtration und beweist viel Fingerspitzengefühl beim Barrique-Ausbau.

Georg Fromm hat seine Malanser Weine damit nachhaltig verbessert. Der Riesling-Silvaner kommt so gradlinig, trocken und mit kontrollierter Aromatik daher wie kaum ein anderer Wein aus dieser Traube. Pinot gris und Merlot zeigen schönen Sortencharakter. Der einfache, preiswerte Blauburgunder gefällt mit unprätentiöser, sauberer Frucht und grosser Transparenz.

Der Malanser Pinot noir Barrique – Mitglied der Weinbibliothek des Mémoire des Vins Suisses – bewegt sich auf der Ebene eines burgundischen Premier Cru: subtil, feinfruchtig, mit feinkörnigem Tannin, wohldosiert im Holz. Der Pinot noir Schöpfi – rund ein Drittel der Trauben wird unzerquetscht mit ihrem Stielgerüst vergoren – aus der gleichnamigen historischen Lage, einem von der Landquart gebildeten Schwemmlandkegel, legt an Kirschenfrucht, Dichte und seidiger Tanninstruktur nochmals zu. Das ist mitreissende Pinot-Musik und macht Georg Fromm definitiv zum Doyen der Bündner Winzerszene.

ANDREA LAUBER

Malans

Weingut Plandaditsch
Andrea und Anita Lauber
7208 Malans
Telefon 081 322 14 65
www.lauber-weine.ch

Anbaufläche
3 Hektar

Wichtigste Rebsorten
Riesling-Silvaner,
Freisamer, Pinot gris,
Pinot noir

Jährliche Produktion
20 000 bis 25 000 Flaschen

Ein Besuch auf dem Gut Plandaditsch am östlichen Dorfrand von Malans lässt einen in eine Realität eintauchen, die man eher in Südtirol erwarten würde: Hinter Weinbergmauern stehen auf dem sanft geneigten Hang einträchtig Rebstöcke und Obstbäume nebeneinander. Andrea Lauber führt den florierenden Landwirtschaftsbetrieb als Obstbauer und Winzer in Personalunion, und wenn er darüber begeistert ins Erzählen gerät, spürt man, dass er beiden Berufen mit dem gleichen Herzblut nachgeht.

Gegründet wurde Plandaditsch 1928 von Grossvater Ernst Lauber, der schon immer Wein erzeugte. Einen Namen machte sich der rührige Mann aber vor allem als «Vater des Golden Delicious», indem er diese Apfelsorte 1931 als Erster von Amerika nach Europa importierte. Hätte er darauf eine Lizenzgebühr erheben können, wie das Jahr-

zehnte später etwa mit der neuen Sorte Pink Lady geschehen ist, wären die Laubers heute reich.

Weitsicht bewies die Familie aber auch im Weinbau. Bereits 1956 integrierte sie Pinot gris ins Sortiment, zwölf Jahre später den noch unbekannten Freisamer – eine interessante Kreuzung von Silvaner mit Pinot gris, die einen würzig-aromatischen Wein mit lebendiger Säure ergibt. Andrea Lauber, der den Betrieb als Dreissigjähriger 1991 übernahm, erzeugt heute 55 Prozent Weissweine, was in der rotweindominierten Region durchaus aussergewöhnlich ist. Die Obstproduktion hat er daneben weitergeführt. Obst und Wein beanspruchen in etwa je die Hälfte seiner Arbeitszeit.

Beim Rotwein dreht sich natürlich alles um den Pinot noir. Laubers Interpretation der Sorte hat in den letzten Jahren entschieden an Präzision gewonnen. Auf der Preisliste werden zwei Weine angeboten: eine barriquegereifte und eine Stahltankversion. Genau genommen erzeugt Andrea Lauber aber drei Weine. Denn vom Standardwein gibt es zwei Abfüllungen. Wer Frucht und Frische sucht, entscheidet sich für den maische-erwärmten, leichter strukturierten Frühlingsabzug, wer es gerne robuster hat, wählt die Herbstfüllung. Und wer Röstaromen, grössere Dichte und Tiefe schätzt, trinkt den dritten, den zu fünfzig Prozent in neuem Barriqueholz ausgebauten Wein – und denkt sich vielleicht insgeheim, dass ein etwas kleinerer Neuholzanteil kein Nachteil wäre.

Wer sechzehn Apfel- und sechs Birnensorten kultiviert, kann allerdings auch beim Wein nicht ohne Spezialitäten leben: Andrea Lauber offeriert gleich vier davon. Neben dem Dessertwein Passiun aus luftgetrockneten Freisamer- und Pinot-gris-Trauben die raffinierte trockene Cuvée Ils Trais aus Pinot gris, Pinot blanc und Freisamer. Und als veritablen Paukenschlag zwei Überraschungen aus der raren Completer-Traube. Einen Schaumwein – warum eigentlich nicht, denkt man angesichts des typischen Säurereichtums der Sorte – und ein im kleinen Holz ausgebautes Gewächs, im grossen Jahrgang 2009 nussig, honigduftend, mit Klasse und Schmelz.

UELI UND JÜRG LIESCH

Malans

Ob es zwischen den beiden im Alter ein Jahr auseinander liegenden Brüdern Ueli und Jürg Liesch auch mal zu Unstimmigkeiten kommt? Die zwei Winzer bewirtschaften ihr Weingut Treib am nordwestlichen Dorfrand von Malans sozusagen Hand in Hand. Wenn sie erzählen, beginnt der eine, übernimmt der andere und schliesslich enden sie zusammen. Ihre Weine strahlen die Harmonie aus, die diese Arbeits- und Familiengemeinschaft – zu der auch die beiden glücklich integrierten Ehefrauen Nicole und Kornelia sowie fünf Kinder gehören – ganz offensichtlich prägt. Und mehr als ein verlegenes Schmunzeln kann man den beiden mit dieser Frage nicht abringen. Auch wenn vielleicht einmal Funkstille herrschen sollte, lange hält eine solche atmosphärische Trübung gewiss nicht an.

Zwanzig Jahre dauert nun diese erfolgreiche Teamarbeit schon. Grossvater Johann Peter Liesch begründete nach einem Landabtausch den damals noch gemischtlandwirtschaftlichen Betrieb. Der Name Treib weist auf seine ehemalige Funktion hin: In die Treibäcker wurden früher die Kühe getrieben. Vater Jakob Liesch übernahm 1960 und erweiterte den Rebbau auf dem zwischen 530 und 560 Meter hohen steinigen Schutt-

fächer. 1970 kelterte er in der legendären Torkelgemeinschaft mit Godi Clavadetscher, Georg Fromm und Hans Wegelin seinen ersten Jahrgang. Drei Hektar betrug die Anbaufläche – ausschliesslich Riesling-Silvaner und Pinot noir –, als die beiden Brüder nach Winzerlehre, Meisterprüfung und einem zweijährigen Praktikum auf einem kalifornischen Weingut Jakob Liesch ablösten. Heute sind es 6,5 Hektar, aus denen nicht weniger als zwölf verschiedene Weine kommen. Das Wachsen des Betriebs deckt sich

Weingut Treib
Familien Liesch
7208 Malans
Telefon 081 322 12 25
www.liesch-weine.ch

Anbaufläche
6,5 Hektar

Wichtigste Rebsorten
Riesling-Silvaner, Pinot
gris, Pinot noir

Jährliche Produktion
30 000 Flaschen

zeitlich genau mit dem Emanzipationsprozess der Bündner Weine, zu dessen Protagonisten Ueli und Jürg Liesch gehören.

Die Etiketten der Lieschschen Weine zeigen einen nicht ganz geschlossenen Kreis. Das darf ruhig als Hinweis auf ihre Stilistik gelesen werden. Es sind runde Weine ohne Ecken und Kanten. Eher zurückhaltend, aber mit Tiefe. Sie ähneln in ihrer Machart ihren Produzenten, die zwar etwas bedächtig, aber sehr authentisch und geradlinig wirken. Der Riesling-Silvaner ist fruchtbetont und erfrischend. Der Pinot gris kräftig und würzig. Ein Rheinriesling mit reizvollem Süsse-Säure-Spiel. Vom Blauburgunder gibt es drei Versionen: einen rotfruchtigen, trinkfreundlichen Tropfen aus dem Stahltank und zwei in Barriques ausgebaute Pinot noirs. Die elegante Auslese kürzer und ohne Kontakt mit neuem Holz. Der Barrique mit einem Anteil von dreissig Prozent Neuholz, etwas dichter und länger, obwohl das Traubengut und die Gärführung mit Umpumpen und manuellem Stossen der Maische für die zwei Weine identisch sind. Die Reben sind Schweizer Klone mit einem Höchstalter von gut zwanzig Jahren aus einem ideal-tiefen Ertrag von 500 bis 600 Gramm pro Quadratmeter. Abgerundet wird das Sortiment mit einem erdig-würzigen, robusten Merlot und zwei Süssweinen: einem Strohwein aus Pinot noir und dem noch etwas süsseren Dessertwein Deseo aus angetrocknetem Pinot gris, Rheinriesling und Kerner. Fragt man die zwei nach ihren Lieblingsweinen, wird doch noch der Hauch einer Dissonanz hörbar: Zwar bevorzugen beide den Barrique-Pinot, doch dann zieht es Ueli zum Chardonnay, während sich Jürg den beiden einfacheren Blauburgundern zuwendet.

THOMAS STUDACH

Malans

Den Weg zum Keller von Thomas Studach in Malans lässt man sich am besten vom Winzer selbst zeigen. Rasant flitzt Studach mit seinem dreirädrigen Piaggio die kurvenreiche Strasse hoch und stoppt mitten in einem Wohnquartier vor einem Mehrfamilienhaus, in dessen Garage er bis auf Widerruf seine Gewächse keltert. Wer jetzt die Assoziation «Garagenwein» hat, liegt nicht ganz falsch. Denn ähnlich wie im Bordelais, wo der Begriff herstammt und eine kleine, teure, handwerklich erzeugte Produktion bezeichnet, erzeugt «Studi», wie ihn seine Freunde nennen, vergleichsweise wenig, dafür aber umso besseren Wein.

Studach zieht einen eher hellroten Tropfen aus einem neuen französischen Barrique ins Glas. Es ist ein 2009er Pinot noir, der wie ein Korb voll roter Beeren duftet. Die geringere Farbintensität ist typisch für das heisse, trockene Jahr und typisch auch für die besondere Herstellungsart des Weins aus diesem bestimmten Fass: Seine Trauben wurden nämlich zu Gunsten einer grösseren aromatischen Frische und einer wertvolleren Gerbstoffstruktur weder entrappt noch gequetscht. In der Assemblage zusammen mit einer anderen Probe – traditioneller gekeltert, dunkler, tanninreicher, würziger und aus einer

Weinbau Thomas Studach

Kirchgasse 1

7208 Malans

Telefon 081 322 25 38

weinbau@studach.li

Anbaufläche

3 Hektar

Wichtigste Rebsorten

Chardonnay, Pinot noir

Jährliche Produktion

15 000 Flaschen

Pièce aus Schweizer Eiche stammend – ist das vielleicht das Rezept, wie diesem üppigen, aber doch eher säurearmen Jahrgang zu begegnen ist.

Für die Degustation von älteren Jahrgängen verlassen wir den doch etwas unwirtlichen Ort und kehren zum mächtigen Studach-Haus unterhalb des Dorfplatzes zurück. Das über dreihundertjährige Patrizierhaus ist schon seit einigen Generationen in Familienbesitz. Thomas Studach, Vater von drei bald erwachsenen Jungen, bewohnt darin eine weitläufige Wohnung in einer beneidenswerten Mischung von geschichtsträchtiger Noblesse und lässiger Wohnlichkeit. Während der braungebrannte Winzer die Flaschen entkorkt und die Gläser füllt, erzählt er seine Vita. Er tut das zunächst zurückhaltend, ja fast schüchtern, entwickelt dann aber im Verlauf des anregenden Gesprächs einen ziemlich bissigen Humor.

Thomas Studachs erster Jahrgang nach Winzerlehre, Militär und Ausbildung zum Weinküfer war der 1988er. Zu fünfzig Prozent arbeitete er damals noch für Georg Fromm und Godi Clavadetscher. 1991 machte er sich selbstständig und begann an der Verbesserung der Weine aus seiner wichtigsten Sorte, dem Pinot noir, zu tüfteln. Sparringpartner und Impulsgeber waren ihm schon früh die Gantenbeins aus Fläsch. 1995 entscheidet er sich für die Beschränkung auf einen einzigen, kompromisslos barriquegereiften Pinot noir. Ab 2000 ersetzt er seine Schweizer Blauburgunderklone kontinuierlich durch Burgunderklone. Das Projekt wird 2012 abgeschlossen. Als Begründung dafür nennt er noblere Aromen, reifere Tannine und ein besseres Verhältnis zwischen Beerenhäuten und Beerensaft. Burgunderklone würden zudem nicht «tomätelen» wie die anderen Schweizer Spielarten.

2002 pflanzt Studach Chardonnay und 2006 ersetzt er den jeweils leicht restsüss ausgebauten Pinot gris aus Zizers durch Pinot noir. Anfänglich noch biologisch arbeitend, stellt er nach schlechten Erfahrungen wieder auf eine pragmatische integrierte Produktion um. Die biologische Bewirtschaftung war ihm wohl auch zu arbeitsaufwändig. Tho-

mas Studach will sein Leben nicht allein durch den Winzerkalender bestimmt sehen. Als im Sternzeichen der Zwillinge Geborener hat er vielseitige Interessen. So singt er als Frontmann in der Punkrockband «Post Climax Depression» oder interessiert sich für die Kunst der Typografie.

Studach erzeugt aus tiefen Erträgen wenig Wein. Viel mehr als 10 000 bis 12 000 Liter fordert er seinen drei Hektar nicht ab. Chardonnay wie Pinot noir verweisen entschieden und bravourös aufs burgundische Vorbild. Frische, Saftigkeit und prägnante Frucht kennzeichnen sie. Homöopathische Mengen eines originellen, eher der modernen, will sagen reduktiven Stilrichtung verbundenen Completers und eines kirschenduftigen, rauchigen Merlots runden das Sortiment ab, das zu den Glanzlichtern der Bündner Herrschaft gehört.

PETER WEGELIN

Malans

«Ein einziges Leben ist zu kurz, um alles, was man sich vorgenommen hat, umzusetzen», hat Peter Wegelin einmal bei einem meiner Besuche auf seinem Weingut Scadena in Malans gesagt. Der sehnige Mann mit den klaren blauen Augen bezieht sich dabei auf seine berufliche Tätigkeit als Winzer. Als solcher hat er eine Chance pro Jahr; vergibt er sie, heisst es, in Abhängigkeit von den Launen der Natur auf den nächsten Jahrgang zu warten.

Peter Wegelin, mit Jahrgang 1952 nicht mehr der Jüngste und trotzdem beneidenswert jugendlich wirkend, hat einen schlaufenreichen Weg hinter sich, nicht gefeit vor Rückschlägen, die ihn aber nach ihrer Überwindung immer wieder ein Stück weiter brachten.1957 kauften seine Eltern das Scadenagut unterhalb Schloss Bothmar. Zum Rebberg gehörte auch ein um 1600 erbautes, renovationsbedürftiges Patrizierhaus, einst im Besitz der Familie Guler von Wynegg. Vater Hans Wegelin verkaufte zu Beginn Trauben und Maische und kelterte 1970 in einer Torkelgemeinschaft mit Godi Clavadetscher,

dem blutjungen Georg Fromm und Jakob Liesch den ersten Blauburgunder. 1980 übergab er den Betrieb seinem zum Winzermeister ausgebildeten Sohn Peter.

Peter Wegelin keltert zunächst im alten Keller von Schloss Bothmar einen allseits beliebten Herrschäftler der süffig-traditionellen Machart. Der grossartige Jahrgang 1990 bringt ihn ernsthaft ins Grübeln. Er merkt, dass er mit der herkömmlichen Arbeitsweise das Potenzial der traumhaften Ernte verschenkt. Schritt für Schritt senkt er den Ertrag von einem Kilogramm Trauben pro Quadratmeter auf heute 650 Gramm beim Standard-Blauburgunder und 450 Gramm bei der Reserva. Das bringt grössere Aromentiefe und Dichte. Ab 1994 tastet er sich an die Verwendung von Barriques heran. Sein Umgang mit dem tückischen kleinen Holzfass wird allmählich souveräner. Gab es früher noch Weine, die wie vom Holz erstickt schienen, sind die letzten Jahrgänge durch Gelassenheit und Fingerspitzengefühl im Barrique-Ausbau gekennzeichnet.

Weitere entscheidende Entwicklungsschritte hin zur heutigen Klasse der Wegelinschen Blauburgunder sind ab 1999 die teilweise Einführung der Spontanvergärung und in jüngster Zeit die Methode, einen gewissen Prozentsatz der Trauben unzerquetscht mit Kämmen und Stielen zu vergären. Peter Wegelin verspricht sich davon mehr Frische, Frucht und Natürlichkeit. Die zwei Versionen von Blauburgunder sind im Übrigen manchmal, beispielsweise 2008, von erstaunlich ähnlicher Güte, was die Frage aufwirft, warum es nicht bloss eine Qualität gibt.

Parallel zur markanten Verbesserung des Blauburgunders widmet sich der gemütvolle Winzer der Weissweinerzeugung und mausert sich dabei zum beeindruckenden Spezialisten. Riesling-Silvaner, Weissburgunder, Chardonnay, Grauburgunder und als neuste Errungenschaft ein nach Stachelbeeren und Holunder duftender Sauvignon blanc besitzen Frische, Mineralität, eine vitale Säure, die wohl auf die teilweise Unterbindung des biologischen Säureabbaus zurückzuführen ist, und tragen ihr Holz, so sie damit in Berührung kamen, zurückhaltend zur Schau.

All diese schrittweisen Veränderungen, sorgfältig bedacht und manchmal energisch, manchmal zögerlich umgesetzt, brachten Peter Wegelin wohl selten um den Schlaf. Schlaflose Nächte bescherte ihm vielmehr sein grösstes und mutigstes Unternehmen: der Bau eines neuen Kellers in den Jahren 2003/2004. An ein effizientes, zweckdienliches Arbeiten war angesichts der gewachsenen Weinpalette in den engen Platzverhältnissen des alten Bothmar-Torkels längst nicht mehr zu denken, als er sich zu dieser Grosstat durchringen konnte. Das Projekt der Bündner Architekten Konrad Erhard und Daniel Schwitter war zu gut, als dass es verdient hätte, in der Schublade zu verschwinden. Der elegante, leicht wirkende dreigeschossige Flachdachbau aus Glas, Stein, Stahl und Beton am Rand des Scadena-«Wingerts» mit wunderbarer Aussicht über die Reben und das Dorf Malans ins Churer Rheintal und die Berge steht im spannungsreichen

Scadenagut

Peter Wegelin

Bothmarweg 1

7208 Malans

Telefon 081 322 11 64

www.malanser-weine.ch

Anbaufläche

5 Hektar und 3 Hektar

Traubenzukauf

Wichtigste Rebsorten

Riesling-Silvaner,

Weissburgunder,

Blauburgunder

Jährliche Produktion

Zirka 50 000 Flaschen

Dialog mit dem ehrwürdigen Schloss Bothmar. Das lichtdurchflutete, terrassenerwei-
terte Obergeschoss ist Begegnungs-, Degustations- und Verkaufsstätte. Die mittlere,
ebenerdig zugängliche Etage mit ihren Stahltanks bildet die Vinifikationsebene und tief
im Erdinnern – schwarz die Wände, rot der Boden – ruht der Wein in den Barriques wie
in einer Mutterhöhle. Ästhetik wie Funktionalität der einmaligen Kellerei überzeugen glei-
chermassen. Was Wunder, dass darin gradlinige und elegante Weine voller Kraft und
Frische entstehen. Und um auf den Anfang zurückzukommen: Peter Wegelin hat in diesem einen Leben doch schon ganz viel umgesetzt und erreicht.

JENINS

Bündner Herrschaft

Der Blick von der gegenüberliegenden Talseite aus auf Jenins zeigt uns ein auf einem mächtigen Rüfenschuttkegel thronendes Dorf mit einem kompakten Zentrum und sanft in die Ebene auslaufende Rebfelder. Mit 630 Metern über Meer ist es die höchstgelegene Herrschäftler Gemeinde, was als Erklärung dafür gelten mag, dass seine Weine manchmal mehr Frische und Säure besitzen. Die Anbaufläche beträgt 75 Hektar. Wie überall in der Gegend herrscht kalkreicher Bündnerschiefer vor. Die oberen Lagen sind steiniger, unten werden sie fetter und humusreicher. Im Gegensatz zu Malans oder Maienfeld betrieben die Jeninser wie die Fläscher von jeher mehrheitlich eine gemischte Landwirtschaft: Neben dem Acker- und Obstbau sowie der Milchwirtschaft bildete der Rebbau stets ein solides weiteres Standbein. Jenins ist denn auch bis heute ein Bauerndorf geblieben. Man sagt, in den Adern seiner Bewohner würde wildes, anarchistisches Blut fliessen.

Während in Malans, Maienfeld und Fläsch die Rebfläche ausgereizt ist und eine Erweiterung kaum mehr möglich scheint, hat Jenins diesbezüglich noch veritable Trümpfe im Ärmel: Unterhalb der Kirche liegen noch zehn Hektar landwirtschaftlich genutztes Land im Rebkataster – ausgezeichnete Böden, die der Bürgergemeinde gehören und die diese bis jetzt partout nicht für den Weinbau herausrücken will. Dabei hätten die Jeninser Winzer, die in den letzten zehn, fünfzehn Jahren gewaltig an Profil gewonnen haben, eine solche Offerte mehr als verdient.

IRENE GRÜNENFELDER

Jenins

Bis zum Ende des Walensees füllt eine dicke Nebelsuppe die Landschaft. Dann brechen blaue Löcher auf, und plötzlich fährt man in blendendes, gleissendes Sonnenlicht. Die Bündner Herrschaft glitzert unter einer dünnen Schneedecke. Die Bäume sind in Reif gepackt, als ob Christo zu Besuch gewesen wäre.

Das Gehöft Eichholz steht, umgeben von Rebzeilen, einsam ausserhalb des Dorfs Jenins am Fuss des Falknis. Von seiner Abgeschiedenheit hat früher eine Richtstätte profitiert. Es heisst, dass hier einst der Galgen gestanden habe. Irene Grünenfelder tritt, eingemummt in eine warme Winterjacke, aus dem Weinkeller. Sie hat gerade das Hefegeläger des in Doppel-Barriques reifenden Sauvignon blanc aufgerührt, um dem Wein mehr Schmelz und Tiefe zu verleihen – «Bâtonnage» nennt man dieses Prozedere in der Fachsprache. Rund ein Drittel des Weins keltert sie im Holz. Zwei Drittel vergären im Edelstahl. Der Wein ist von intensiver Frucht und kristalliner Struktur.

Wir betreten den schönen Keller mit den alten Steinmauern, den Chromstahltanks, den französischen Barriques, den zwei grösseren Holzfässern, in denen der klassische Pinot noir ruht, und einem 32 Meter tiefen Brunnenschacht, der einst der Wasserversorgung

gedient hat. Pinot blanc, Sauvignon blanc, die zwei Pinot noirs – neben dem traditionellen Jeninser der zu einem Drittel in neuen Barriques ausgebaute Eichholz, eine exquisite Auslese der besten Trauben – und ein Federweisser werden hier gekeltert. Die Platzverhältnisse sind eng. Das Projekt für einen neuen Keller im ehemaligen Tenn steht. 2011 sollte dort der Jungfernjahrgang entstehen.

Die 2008er-Blauburgunder präsentieren sich vielversprechend mit verführerischer, sortentypischer Fruchtsüsse. «Der 2008er wurde anfänglich unterschätzt. Dabei ist es ein schöner, frischer Jahrgang ähnlich wie 2006», sagt die ehrgeizige Winzerin. Problematischer mit seinem hohen Alkoholgehalt und der tiefen Säure sei dagegen der 2009er.

Irene Grünenfelder ist dank der herausragenden Qualität ihrer Weine in den letzten Jahren auch international bekannt geworden. Der Werdegang der 47-jährigen sportlichen Frau ist ungewöhnlich: Von Haus aus Primarlehrerin, studierte sie einige Semester Geschichte und arbeitete als Journalistin beim «Bündner Tagblatt». Wein kannte sie nur als Geniesserin. Als Schlüsselerlebnis nennt sie eine Burgund-Reise Anfang der neunziger Jahre. Besonders begeisterten sie damals die Morey-Saint-Denis der Domaine Hubert Lignier. Nach ihrer Einheirat in die Jeninser Familie Hunger erlebte Grünenfelder die Weinproduktion hautnah. Ihre Schwiegermutter pflegte in der Lage Eichholz dreissig Aren Blauburgunder. Irene, mittlerweile Mutter eines Kindes, begann ihr zu helfen und interessierte sich auch für die Kelterung. Sie kaufte ihr die Ernte 1993 ab und vinifizierte die Trauben, gestützt auf Schulbuchwissen und Ratschläge von Kollegen, im Keller des Jeninser Winzers Georg Schlegel. «Der Wein war schlecht. Theorie und Praxis klafften auseinander», erinnert sie sich. Doch der Ehrgeiz, es besser zu machen, hatte sie gepackt.

Um das Bauernhaus Eichholz lag Ackerland brach, das aber im Rebkataster eingetragen war: tiefgründiger, schwerer, jungfräulicher Boden. Irene bepflanzte 2,3 Hektar mit Pinot noir und Sauvignon blanc. 1995 konnte sie bereits den ersten richtigen Jahrgang keltern. Der Wein wurde gut. Sie hatte in den zwei Jahren entscheidend dazugelernt.

Ihr Rezept lautet: «Fragen, fragen, fragen und dann ausprobieren.» Zugute kommt ihr ihre praktische, direkte, zupackende Art, begleitet von einem träfen Humor. Wer wagt, gewinnt.

Mit ihren Weinen hat sie rasch Erfolg. Sie gewinnt Auszeichnungen, kommt in die Presse, findet eine wachsende Kundschaft. Mit dem Eichholz 2004 triumphiert sie in dem von der deutschen Weinzeitschrift «Weingourmet» durchgeführten Pinot-noir-Cup. Einen Frauenbonus will sie nicht gelten lassen: «Ich mache mehr im Keller als mancher Mann», entgegnet sie. In der Tat: Das Weingut Eichholz ist ein Einfraubetrieb. Nur in den Reben kann Irene in Stosszeiten manchmal auf die Hilfe einer weiteren Arbeitskraft zählen.

Weingut Eichholz
Irene Grünenfelder
Hunger
7307 Jenins
Telefon 081 330 78 45
www.weinguteichholz.ch

Anbaufläche
3 Hektar und 1,5 Hektar
Traubenzukauf

Wichtigste Rebsorten
Pinot blanc, Sauvignon
blanc, Pinot noir

Jährliche Produktion
20 000 Flaschen

Die Verkostung einiger älterer Eichholz-Pinot-noirs in der warmen Stube im Haus nebenan, wo die Winzerin mit ihrem Mann, einem Transportunternehmer, und ihren zwei Kindern lebt, begeistert. 2007, 2006, 2005, 2004, 2003, 2001, 1999 und 1998 sind allesamt tadellos. Sie widerspiegeln aufs Schönste den Charakter des jeweiligen Jahrgangs. Sie haben ihre Frische und Präsenz bewahrt. Es sind eher feminine, duftige, finessenreiche Weine. Eine dezente Cassisnote lässt sie aus anderen, qualitativ vergleichbaren Bündner Weinen herausstechen. Wie macht Grünenfelder das? «Ich setze auf gesunde Pflanzen, einen ausgeglichenen, lebendigen Boden, auf kleine Erträge und viel Handarbeit», sagt sie. Biologischer Bearbeitung steht sie wegen der Konzentration auf Schwefel und Kupfer eher kritisch gegenüber. Interessanter findet sie die Biodynamik mit ihrer konsequenten Bodenbearbeitung.

Im Keller verzichtet sie auf Chemie und jegliche «Bastelei» wie Tanninzufuhr oder Aufsäuerung. Das kann sie sich mit ihrer kleinen Produktion von maximal 20 000 Flaschen natürlich auch leisten. «Im Prinzip mache ich am Wein eigentlich gar nichts.» Intuition und Leidenschaft jedoch kommen schon zum Zug. Mit der manchmal öden Kellerarbeit hat sie sich mittlerweile versöhnt. Doch lieber arbeitet sie in den Reben – eine Vorliebe, die man angesichts des Postkartenwetters draussen nur zu gut versteht. «Am schönsten ist der Rebschnitt im Winter. Da muss man für einmal nicht pressieren. Alles andere eilt immer», sagt sie.

JAN DOMENIC LUZI

Jenins

Der Winter ist des Winzers Sommer. Für einmal kann er seine Reben sich selbst überlassen. Jan Luzi ist für drei Wochen nach Südindien gereist. Gebräunt und ausgeruht zurück, kann ihm die nasskalte Witterung nichts anhaben. Er weiss: Der Frühling wartet schon um die Ecke.

Jan Luzi, der neugierige, vife Winzer aus Jenins, bewirtschaftet 2,3 Hektar Reben. Mit dem Jahrgang 2011 wird er den gesamten Besitz von drei Hektar einkellern können und dann sein Produktionsziel von 12 000 bis 15 000 Flaschen erreichen. Für die Liebhaber seiner Weine viel zu wenig.

2008 konnte er das kleine Weingut seiner Tante Dorothea von Sprecher übernehmen. Nach einem zwölfmonatigen Praktikum auf dem benachbarten Gut von Andrea Davaz sprühte der 35-Jährige vor Ideen und Tatendrang – dem schweren Erbe zum Trotz. Dorothea von Sprecher bearbeitete in ihrem Ein-Frau-Betrieb zwar nur ein halbes Hektar Rebland. Ihre zwei Weine, ein saftiger Weiss- und ein fruchtiger Blauburgunder, hat-

Weingut Sprecher
von Bernegg
Jan Domenic Luzi
Unterdorfstrasse 2
7307 Jenins
Telefon 081 302 29 94
www.sprecher
vonbernegg.ch

Anbaufläche
3 Hektar

Wichtigste Rebsorten
Pinot blanc, Pinot noir

Jährliche Produktion
12 000 bis 15 000 Flaschen

ten der resoluten Dame durch ihren integren Charakter aber nachhaltig Respekt verschafft. Diese Aufgabe lag noch vor ihm. Der Zeitpunkt der Übernahme war günstig. Langjährige Pachten liefen aus und fielen – unter der Bedingung der Eigenbewirtschaftung – an die Familie zurück. Die Voraussetzungen für Entwicklung und Wachstum waren gegeben. Jan Luzi hat sie genutzt.

Um zu zeigen, was sich in den zwei Jahren getan hat, eilt er voraus in den steinernen Keller. Er liegt im Garten des alten Sprecher-Hauses gleich neben der Kirche von Jenins. Hinter den dicken Mauern wohnen Grossmutter und Tante, er selbst hat noch eine Wohnung direkt über dem sanft geneigten Linden-«Wingert», einer der besten Reblagen von Jenins. Den alten Keller hat er aufgerüstet: Neue Gärbehälter aus Eichenholz stehen da. Ein Kühlgerät ermöglicht die subtilere Behandlung der Maische. Auf einer steilen Treppe gelangt man hinab in den Gewölbekeller mit den Barriques, in denen die vielversprechenden 2009er-Rotweine lagern. Die einjährigen, kleinen Fässer hat er Martha und Daniel Gantenbein abgekauft. «So habe ich die Garantie für allerbeste Qualität.»

Ausser bei seinem Bauprojekt im danebenliegenden Gartenhaus, das aus denkmalschützerischen Gründen nur langsam Gestalt annimmt, sucht Luzi nicht nach radikalen Veränderungen. Schon gar nicht bei den Weinen. «Frucht, Frische und die charakteristische Weichheit der Sprecherschen Weine» sollen erhalten bleiben und nur mit einer ausgeklügelteren Kelterung an Struktur, Tiefe und Lagerfähigkeit gewinnen. Die Degustation der neuen Kollektion beweist, dass sich der Newcomer auf dem richtigen Weg

befindet. Dieser Ansicht sind auch die Kolleginnen und Kollegen und wählten ihn als neues Mitglied in die Elitevereinigung Vinotiv.

Vier Weine hat Jan Luzi mit dem Jahrgang 2008 angeboten. Die neuen Etiketten der eleganten Burgunderflaschen sind stilsicher und schön gestaltet. Der legendäre Weissburgunder heisst nun Pinot blanc, wird immer noch in Kleinstmenge erzeugt und begeistert mit seiner knackigen Frische, Gradlinigkeit und Mineralität. Den Blauburgunder, folgerichtig «Pinot noir» genannt, gibt es in zwei Versionen: Der Lindenwingert entspricht der früheren Auslese – seine fruchtig-weiche, vibrierende Art verdankt er unter anderem der beträchtlichen Höhe des Rebbergs unterhalb der Strasse Jenins–Malans, die das Sprechersche Anwesen begrenzt. Die konzentrierten Trauben des Pfaffen/Calander wachsen an einer Lage, die einst Gian-Battista von Tscharner gepachtet und als «Sprechergut» bekannt gemacht hatte. Der dichte Wein ist stärker extrahiert und holzbetonter als der Lindenwingert, besitzt aber doch grössere Komplexität. Zum Schluss imponiert ein origineller Süsswein: ein luftgetrockneter, oxidativ ausgebauter Pinot gris – so nussig und köstlich wie ein Vin santo.

CHRISTIAN UND FRANCISCA OBRECHT

Jenins

Weingut zur Sonne
Christian und Francisca
Obrecht
Malanserstrasse 2
7307 Jenins
Telefon 081 302 21 45
www.obrecht.ch

Anbaufläche
6 Hektar und
Traubenzukauf

Wichtigste Rebsorten
Riesling-Silvaner,
Chardonnay, Pinot noir

Jährliche Produktion
60 000 Flaschen

Meine erste Begegnung mit Christian Obrecht fand an einem herrschaftlichen Spätsommertag im tropisch heissen Jahr 2003 statt. Im wunderbaren Barockgarten von Schloss Bothmar in Malans hatte eine Elite von Bündner Winzern ihre Weine präsentiert. Zum Mittagessen begaben wir uns in den alten Torkel von Jenins. Christian Obrecht war mein Tischnachbar. Beim Dessert kredenzte er einen grandiosen nach Aprikosen und Quitten duftenden Flétry aus edelfaulen Riesling-Silvaner-Beeren. Dazu erzählte er begeistert von seinen anderen Weinvisionen. Randvoll mit Eindrücken war er von seinen Weinreisen, die ihn bis zu Rosemount im australischen Hunter Valley geführt hatten, ins elterliche Traditionsweingut zur Sonne zurückgekehrt. Ein junger Wilder, begierig, sich mit eigenständigen, persönlichen Weinen einen Ruf zu verschaffen. Sein Vater, Christian IV., liess ihm weitsichtig freie Hand. Seine Frau Francisca, eine Biotechnologin – die beiden hatten sich am Technikum in Wädenswil kennen gelernt –, begleitete ihn kritisch und aufmunternd. Christians Paradestück hiess – durchaus treffend – Monolith: ein kraftvoller, extraktreicher Jeninser Pinot noir aus alten Reben mit tiefem Ertrag, gehörig mit Holz geimpft, von beinahe schon bulliger Rasse.

Den Monolith bekam man später noch ab und zu ins Glas. Beeindruckend stets, doch immer auch leicht den Stallgeruch eines Weins aus der Neuen Welt tragend. Christian Obrechts zweiter Pinot noir, Trocla nera genannt, was auf Rätoromanisch schwarze Traube bedeutet, vermochte mit seiner schwarzfruchtigen, dezenter holzgeprägten Art insgeheim fast besser zu gefallen. Irgendwann wird sich dieser Kerl die Hörner abgestossen haben, dachte man, und nach der Kraft und Konzentration auf Eleganz und Feinheit umsatteln.

Nach dem jüngsten Besuch auf dem stattlichen Weingut mit dem lieblichen Innenhof konstatiert man zufrieden, dass das Stossgebet offensichtlich erhört wurde. Christian und Francisca, die 2006 den Betrieb übernehmen konnten und mit den Eltern weiterhin einvernehmlich zusammenarbeiten, empfangen im Keller, einer atmosphärenreichen Weinwerkstatt. Wir verkosten die kräftig-würzigen 2009er aus Tank und Fass. Erfrischend der feinfruchtige Riesling-Silvaner, der nach einer Phase mit Restsüsse wieder trocken ausgebaut wird. Ein Stilwechsel lässt sich auch beim Chardonnay und beim

Monolith feststellen, die wir in der modernen, hellen Wohnküche degustieren. Der Chardonnay überzeugt mit seiner mineralisch-frischen, zitrusbetonten, prägnanten Art. Christian hat hier zu einer interessanten Kelterungsmethode gefunden: Fünfzig Prozent der Trauben vollzieht wie ein Rotwein eine lange Maischegärung. Gepresst wird erst im Frühling. Die andere Hälfte vergärt in Barriques – ohne «Bâtonnage», um den Wein nicht fett werden zu lassen. Auf den biologischen Säureabbau wird dabei verzichtet. Der Monolith wiederum wirkt bei aller Dichte lebendiger, finessenreicher und eleganter. Christian führt das auf eine frühere Lese, auf das teilweise Mitvergären der Traubenstiele und auf einen geringeren Neuholzanteil zurück.

Christian und Francisca Obrecht bilden ein patentes Winzerpaar. Ihre gute Ausbildung gibt ihnen die Sicherheit, bei der Kelterung gelassen zu bleiben und auch einmal etwas zu riskieren. Pointiert erläutern sie abwechslungsweise die Weine. Er wirkt überlegt und bedächtiger, sie vif und temperamentvoller. Kreativ sind sie beide. Das beweist nicht nur die originelle Weinpalette, zu der auch ein Pinot gris, ein Merlot und ein im Portweinverfahren hergestellter süsser Pinot noir gehören. Das beweist auch eine andere Form der kreativen Betätigung: Christian ist ein talentierter Fotograf. Stimmungsvoller hat kaum einer die Jahreszeiten in den Rebgärten der Herrschaft und die Weinwerdung in den Kellern eingefangen. Und Francisca ist keine ungeübte Schreiberin. Die Texte auf der schönen Internetseite sind gelungen und im Bestellformular kommt sie gar noch ins Reimen: «Exotisch, herrlich – seine verführende Wirkung ist gefährlich» warnt sie etwa vor dem Genuss ihres Gewürztraminers.

ANNATINA PELIZZATTI

Jenins

Weinbau Annatina
Pelizzatti
Sägenstrasse 7
7307 Jenins
Telefon 081 302 49 46
www.pelizzatti-weine.ch

Anbaufläche
3 Hektar

Wichtigste Rebsorten
Pinot blanc, Pinot noir,
Merlot

Jährliche Produktion
15 000 bis 20 000 Flaschen

Annatina Pelizzatti macht nicht viel Aufhebens um sich. Als Mensch nicht und schon gar nicht als Winzerin. Dabei würde ihr niemand einen lautstärkeren Auftritt übelnehmen. Denn still und beharrlich, zäh und geduldig hat sie ihr Weingut durch die jüngsten Jahrgänge mit subtil fruchtbetonten, feinnervigen, eleganten Weinen vorangebracht.

Verfolgt man ihren Lebenslauf, markiert das Jahr 1997 die schmerzliche Zäsur. Zuvor hatte die Bauerntochter und frühere Postangestellte den elterlichen gemischtwirtschaftlichen Betrieb zusammen mit ihrem Mann Domenico geführt und bereits fünf Jahrgänge Wein abgefüllt. Dann stirbt Domenico bei einem Verkehrsunfall. Annatina bleibt mit einer kleinen Tochter und schwanger zurück. Eine neue Ernte steht vor der Tür. Zuerst wollte sie aufgeben, den Betrieb verpachten. Doch als sich kein vernünftiges Angebot ergab, beschloss sie, die Trauben selbst einzukellern. Befreundete Winzerkolleginnen und -kollegen standen ihr hilfreich zur Seite.

Heute bewirtschaftet Annatina Pelizzatti 17 Parzellen in Jenins und Malans. Sie liebt die Arbeit im Freien. Das erinnert sie an ihre Kindheit. Schiesst sie mit ihrem Traktor im Dorfkern von Jenins um die Ecke, heisst es in Deckung gehen. 75 Prozent der drei Hektar

Anbaufläche bestehen aus Pinot noir, Schweizer, zunehmend aber auch Burgunder-klone. Die «Cuverie» befindet sich auf drei Etagen im ehemaligen Stall des Bauernhofs. Als Autodidaktin, die Kurse in Wädenswil belegte und Schnupperreisen in andere Wein-gebiete unternahm, arbeitet sie so gelassen und authentisch, wie sie auftritt. Ohne «Zaubertricks», handwerklich, im Bestreben, den Charakter des Bodens, der Traube und des Jahrgangs möglichst unverfälscht in die Flasche zu bringen. Wie bei allen guten Winzerinnen und Winzern überträgt sich ihre Wesensart auf den Wein. Geradlinig, fo-

kussiert auf die Frucht, ohne Extraktions- und Holzexzesse gefallen Weissburgunder, Chardonnay, Schiller und natürlich die vier (!) Pinot noirs: Aus dem grossen Holzfass der Jeninser und eine Auslese aus der Lage Eichholz, aus gebrauchten Barriques der Malanser und in teilweise neuen Barriques ausgebaut der gleichnamige kirschenbetonte Jeninser Pinot noir.

Müsste man(n) Annatinas Weine geschlechtsspezifisch einordnen, wären ihre feinnervigen, eleganten Blauburgunder von eher weiblicher Art. Das männliche Pendant wäre der Sorso. Der kräftige, südlich wirkende, kräuterwürzige Wein ist ein Solitär: Er besteht zu achtzig Prozent aus Merlot, strukturfördernd assembliert mit Pinot noir, Syrah, Cabernet Sauvignon und Zweigelt. Warum kein reinsortiger Merlot? «Der müsste sich in dieser Kategorie ständig Vergleichen stellen», antwortet sie. Doch Annatina lässt sich nicht gerne kategorisieren und benoten. Der freigeistige Wein entspricht ihrem Naturell. Ein Jammer nur, dass der eigenständige Tropfen wie alle Weine von Annatina Pelizzatti nur begrenzt verfügbar und immer schnell ausverkauft ist.

GEORG SCHLEGEL

Jenins

Im letzten Buch über den Bündner Wein, dem 1993 erschienenen «Weine aus Graubünden», posierte Georg Schlegel für den Fotografen im Theater. Inzwischen hat der Laienschauspieler die Bühne verlassen – zumindest jene, die die Welt bedeutet – und konzentriert sich voll auf den Weinbau. Hier bespielt er nun seine eigene Bühne. Er agiert sympathisch-zurückhaltend, mit Tüftlergeist und Präzision, so dass ihm auch hier Applaus gebührt.

Georg Schlegel betreibt in der fünften Generation Rebbau und kelterte 1982 seinen ersten Jahrgang – Vater und Grossvater hatten noch den Handel beliefert. Er debütierte zeitgleich mit den Gantenbeins aus Fläsch. Doch während jene bald auf die Schiene der konzentrierten, dichten Blauburgunder umschwenkten, blieb er noch längere Zeit dem süffigen «Beerliwein» treu. Ab 1993 begann er im Bestreben um eine Qualitätssteigerung – zum Missfallen seiner Eltern – den Ertrag zu senken. Freiwilliges Auslichten der Trauben grenzte früher im Verständnis der Altvordern an Mutwillen. Ein Frevel gegen die Natur.

Weingut zur alten Post
Georg und Lucretia
Schlegel-Baier
7307 Jenins
Telefon 081 302 55 85
www.georgschlegel.ch

Anbaufläche
7 Hektar

Wichtigste Rebsorten
Riesling-Silvaner,
Chardonnay, Pinot noir

Jährliche Produktion
35 000 Flaschen

Schlegels Schritt war natürlich der richtige. Angespornt auch vom erwachenden Wettbewerbsgeist im Dorf Jenins, wo unter den ambitionierten Weinbauern ein die Qualität beflügelndes erfrischendes Klima des Austauschs herrscht. Heute erzeugt der handwerklich begabte, liebenswürdige Winzer zehn Weine, darunter allein vier Pinot noirs. An der Spitze steht die Rarität Saliser, ein konzentriertes, alkohol- und holzbetontes Gewächs aus der gleichnamigen, mit über 40-jährigen Rebstöcken bepflanzten Lage nahe dem Eichholz. Georg Schlegel absolviert hier das ganze Programm der auf gute Kritikernoten schielenden Weinerzeugung: Halbieren der Trauben im August, was den Ertrag auf 300 bis 400 Gramm drückt, Kaltmazeration, offene Vergärung mit Stösseln, Nachmazeration, Ausbau in viel neuer Eiche. Ein Wein wie eine Trophäe, und man ist geneigt, ihm beizupflichten, wenn er insgeheim gesteht, dass ihm sein Pinot noir Réserve du Patron eigentlich mindestens so gut schmecke. Der dunkelfruchtige Wein reift in Doppel-Barriques. Gerne trinkt man davon zum Essen auch eine Flasche, während sich beim prunkvollen Saliser nach einem Glas leicht Ermüdung einstellt.

Der Weissweinanteil auf dem Weingut zur alten Post, wo früher – wie es noch das Etikett zeigt – die Postkutschen vom Flüelapass Halt machten, beträgt 25 Prozent. Schlegel belässt dem süffig-fruchtigen Riesling-Silvaner und dem kräftigen Pinot gris, manchmal sogar dem zitrusbetonten, filigranen Weissburgunder gerne etwas Restzucker. Die beiden saftigen Chardonnays – Stahltank- und Barriqueversion – dagegen sind durchgegoren.

Georg Schlegel ist im Frostjahr 1956 geboren und hat damit noch einige Ernten vor sich. Während der «Wimmlet» 2009 musste er sich unerwartet einer Operation unterziehen. Sein Sohn Georg, noch in der Ausbildung, sprang ein und meisterte die Aufgabe souverän. Glücklich ein Winzer, der sich so früh schon einer kompetenten Nachfolge sicher sein kann. Das verdient zu Recht einen kräftigen Schlussapplaus.

MAIENFELD

Bündner Herrschaft

Der «Maienfelder» galt lange Zeit als Synonym für den Bündner Wein. In den letzten zwanzig Jahren ging diese Wertschätzung etwas verloren. Während Malans oder Fläsch vermehrt von sich reden machten, wurde es um den Maienfelder Wein ruhiger. Allerdings ficht das seine Bewohner nicht an. Denn als Städter – Maienfeld wurde 1346 erstmals urkundlich als Stadt erwähnt – besitzen sie ein stärkeres, «aristokratischeres» Selbstbewusstein als die intellektuelleren Malanser oder die bäuerlichen Jeninser und Fläscher. Vielleicht hat die geringere Beachtung auch mit dem Charakter des Maienfelders zu tun – rund 82 Prozent der mit 110 Hektar grössten Anbaufläche Graubündens entfallen noch auf den Blauburgunder: Er präsentiert sich feingliedriger, subtiler, geschmeidiger als ein Malanser oder ein Fläscher. Das wiederum erklärt sich aus der Bodenstruktur: Diese ist leichter, sandiger, weniger tiefgründig als die lehmigeren Böden in Malans oder Jenins, die dementsprechend kraftvollere Weine hervorbringen. Das Wasser läuft in den Maienfelder Rebbergen am Fuss des Falknis rascher ab. Winzer mit älteren, tief wurzelnden Reben haben deshalb einen Vorteil. Eine weitere Besonderheit von Maienfeld liegt in seiner klein parzellierten Struktur. Das Städtchen kannte nie eine Güterzusammenlegung; deshalb sind die Reblagen zerstückelt. Jeder Winzer – die Selbstkelterer besitzen einen hohen Anteil von über siebzig Prozent – bearbeitet eine ganze Reihe von Parzellen unterschiedlicher Grösse, viele davon von pittoresken Trockensteinmauern umrahmt. Diese flickenteppichartige Rebenstruktur hat Vorteile und Nachteile: Schäden wie Frost betreffen kaum einmal alle Lagen und der Verlust ist nie total. Dafür werden die Bewirtschaftung, der «Wimmlet» und die Kelterung aufwändiger.

CARINA KUNZ

Maienfeld

«Intuiva» heisst Carina Kunz' anspruchsvollster Wein. Ein barriquegereifter Pinot noir, in seiner Jugend etwas hart und holzbetont, gebieterisch nach Verfeinerung in der Flasche verlangend. Auf jedem Etikett steht ein Spruch, eine Reminiszenz, eine Platitüde manchmal auch, aus Carinas persönlichem Poesiealbum des Weins. Handgeschrieben, mit Feder und Tinte, in kalligrafisch anmutender Schrift. «Leere Gläser sind voller Geschichten», «Rendez-vous der edlen Beeren», «Geniessen verbindet», «Zeit Lebensfreude Liebe», «Der Korkenzieher ist ein Schlüssel zum Paradies», «Wurzeln Heimat Glück», «Quelle Inspiration Freude» und so weiter und so fort. Die bunte Sammlung aus der Apotheke des positiven Denkens umfasst fünfzig Mitteilungen. Erst wenn das beschriebene Etikett auf die Flasche geklebt ist, schliesst sich für die Winzerin der Kreis, der mit dem Rebschnitt im Winter eröffnet wurde.

Martin Kunz-Keller Weine
& Destillate
Unteres Gugelberghaus
Fläscherstrasse 2
7304 Maienfeld
Telefon 081 330 15 55
www.kunz-keller.ch

Anbaufläche
2,2 Hektar

Wichtigste Rebsorten
Chardonnay, Pinot noir

Jährliche Produktion
12 000 Flaschen

Carina Kunz erzählt ihre Geschichte gleichsam übersprudelnd, ihr Gegenüber mit blitzenden dunkelbraunen Augen eindringlich ins Visier nehmend. Sie hat eine kaufmännische Lehre absolviert, ist Tourismus- und PR-Fachfrau. Seit 2005 trägt sie die Verantwortung für die Weinbereitung im elterlichen Betrieb, während Mutter Margrit und Vater Martin Kunz-Keller die originellen, regelmässig ausgezeichneten Destillate produzieren. Carina begegnet den Reben auf ihren zwölf Parzellen mit weiblicher Intuition. Sie inter-

essiert sich für die biodynamische Bewirtschaftung, beschränkt sich angesichts der Vielzahl ihrer kleinen Parzellen – zwölf an der Zahl – zur Zeit aber auf das Experimentieren mit der aus Japan stammenden Bodenbearbeitungsmethode der «effektiven Mikroorganismen» (EM), was die Bodenstruktur verbessern und beleben soll.

Die eigenständigen Weine reifen in einem prächtig restaurierten Schiefergewölbekeller aus dem Jahr 1632. Carina Kunz lässt ihnen Zeit, quält sie nicht mit unnötigen Umzügen. «Die Entdeckung der Langsamkeit», der Titel eines Romans von Sten Nadolny, würde auch auf eine ihrer Etiketten passen. Der Chardonnay purzelte im Jahrgang 2008 wohl in die Alkoholfalle. Die 14,2 Volumenprozente sind deutlich spürbar und machen ihn etwas unharmonisch. Der tankvergorene Pinot noir aus jüngeren Reben präsentiert sich als klassischer Maienfelder. Die Sélection absolviert eine Kaltstandzeit und eine Passage in Doppel-Barriques. Der «Zwischendurchwein», wie Carina Kunz ihn nennt, ist ein Muntermacher und Freudenspender. Den eingangs erwähnten Intuiva – alte Reben, tiefer Ertrag (500 Gramm), kühl vergoren und in ein-, zwei- und dreijährigen Barriques ausgebaut – hat Carina Kunz bisher jedes Jahr ein Stück verbessert. Behält die begeisterungsfähige Winzerin diese Kadenz bei, wird daraus in Kürze ein ausgezeichneter Wein.

HANSPETER LAMPERT

Maienfeld

Weinbau Hanspeter
Lampert
Torkel im Heidelberg
Heidelberggässli 4
7304 Maienfeld
Telefon 081 330 72 05
www.lampert-weinbau.ch

Anbaufläche
5,1 Hektar

Wichtigste Rebsorten
Riesling-Silvaner,
Chardonnay, Pinot noir

Jährliche Produktion
30 000 Flaschen

Die letzte Strecke durchs Heidelberggässli hinauf zum Torkel von Hanspeter Lampert geht der Besucher für einmal zu Fuss. Es hat geschneit über Nacht. Der Schnee ist liegen geblieben. Ohne Ketten gibt es mit dem Auto kein Vorankommen mehr. Reizvoll ist der Kontrast zwischen den kahlen, dunklen Rebstöcken mit ihren spinnbeinigen Ruten und dem unschuldigen Weiss des frisch gefallenen Schnees in den sanft geneigten Weingärten von Maienfeld.

Hanspeter Lampert, der bald fünfzigjährige, jugendlich wirkende Winzer, steht Schnee schaufelnd zum Empfang bereit. Der erste Eindruck, den sein Keller mit den leuchtend weinroten Sutter-Tanks macht, ist der einer rigiden Ordnung und blitzenden Sauberkeit. Jeder Schlauch, jedes Werkzeug ist just am richtigen Ort, als wäre alles zuvor am Reissbrett ausgetüftelt worden. Hanspeter Lampert muss ein präziser Winzer sein mit klaren Vorstellungen.

Lampert hat 1983 nach abgeschlossener Ausbildung als Winzer und Weintechnologe im neu erbauten Torkel des elterlichen Betriebs den ersten Jahrgang gekeltert. Zwei Weine sind es anfänglich, ein Riesling-Silvaner und ein Blauburgunder. Überlegt, vor-

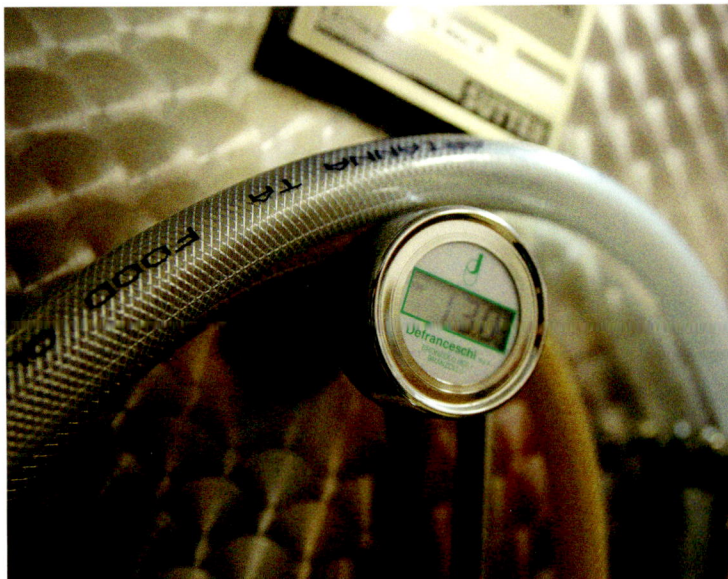

sichtig, aber kontinuierlich wird die Anbaufläche vergrössert, die Anzahl der Literweine verkleinert und das Sortiment erweitert. Chardonnay kommt dazu und 1989 der erste Barrique-Jahrgang des Blauburgunders. Entlang den Rebbergmauern auf den achtzehn Parzellen, die eine Länge von 500 Metern besitzen und in deren Schatten die sonnenheissen Steine für ein besonders günstiges Mikroklima sorgen – nicht für den Pinot noir, der liebt die Temperaturunterschiede zwischen Tag und Nacht, sondern für später reifende Sorten –, entlang dieser Steinmäuerchen pflanzt Lampert Syrah, Cabernet Sauvignon und Merlot.

Lamperts Weinpalette ist heute in die zwei Linien «Klassik» und «Spezialitäten» unterteilt. Solide, verlässliche Klassiker sind der Maienfelder Riesling-Silvaner, der Federweisse und der kirschenduftige Pinot noir. Wer einen typischen, weichen, fruchtbetonten Maienfelder sucht, ist mit Lamperts Angebot bestens bedient. Die Reihe der Spezialitäten umfasst acht Weine: Bemerkenswert die frisch-fruchtige Cuvée blanc aus Riesling-Silvaner, Chardonnay und Sauvignon blanc. Dicht und kräftig der Chardonnay Barrique. Exemplarisch für Maienfeld die beiden Pinot noirs Sélection und Barrique, die sich einzig in der Art des Holzausbaus unterscheiden; Ertragsmenge (500 bis 600 Gramm pro Quadratmeter) und Kelterung sind identisch. Nach dem biologischen Säureabbau wird entschieden, was ins grosse Holzfass und was in neue und gebrauchte Barriques kommt. Die Sélection steht dem Premium-Wein kaum nach: Wo dieser mit Dichte und Tiefe trumpft, kontert jener mit Frucht, Geschmeidigkeit und Subtilität. Lamperts merk-würdigstes Stück ist jedoch der Strohwein. Da lässt er die Trauben der Mauerreben nach der Ernte sechs Wochen lufttrocknen und baut den dörrfruchtigen Saft dann zwei Jahre in zwei neuen Barriques zu einem monumentalen Solitär aus.

Die Degustation ist beendet. Der Eindruck der Präzision und Klarheit hat sich bestätigt. Beim Abschied begleitet Hanspeter Lampert den Gast wieder mit der Schaufel hinaus. Es hat während des Besuchs unentwegt weitergeschneit. Der Verkehr, so hört man später, ist auch auf der Autobahn unten im Tal zusammengebrochen.

SINA UND MATTHIAS GUBLER-MÖHR

Maienfeld

Das aufstrebende Maienfelder Weingut Möhr Niggli ist in zweifacher Hinsicht ein junges Unternehmen: Der Vater Fortunat «Forti» Möhr arbeitete 27 lange Jahre als Förster. Mit 51 Jahren hängte er 1995 den Beruf an den Nagel und setzte mit Unterstützung seiner Frau Magda, geborene Niggli, voll auf den Rebbau. Bald schon schuf er sich einen Namen mit eleganten, sortentypischen Maienfelder Weinen, Blauburgunder und Weissburgunder etwa oder als Spezialität einer kräftigen Cuvée aus Cabernet Sauvignon und Merlot sowie einem originellen, je nach Lust und Laune trocken oder süss ausgebauten Viognier. Forti Möhrs Flaschen sind auch äusserlich unverkennbar. Geschaffen hat sie mit wuchtigem Pinselstrich der legendäre Bündner Künstler Dea Murk.

Seit dem Herbst 2009 arbeiten in einer weitsichtig vereinbarten Generationengemeinschaft auch Tochter Sina Gubler-Möhr und ihr Baselbieter Ehemann Matthias Gubler im vier Hektar grossen Betrieb mit. Die beiden bringen eine exzellente Ausbildung, klare Vorstellungen und eine durchaus bemerkenswerte Portion Ehrgeiz und Selbstbewusst-

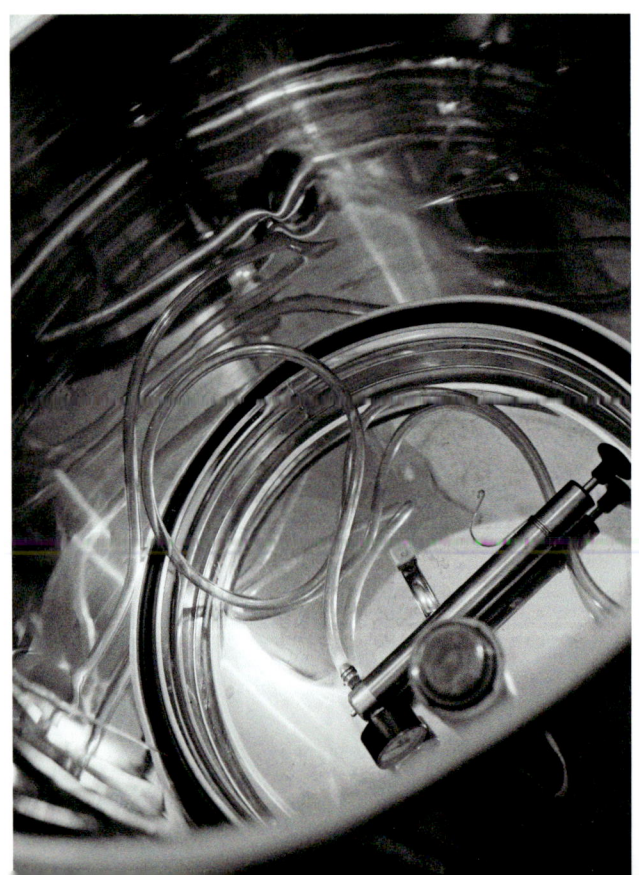
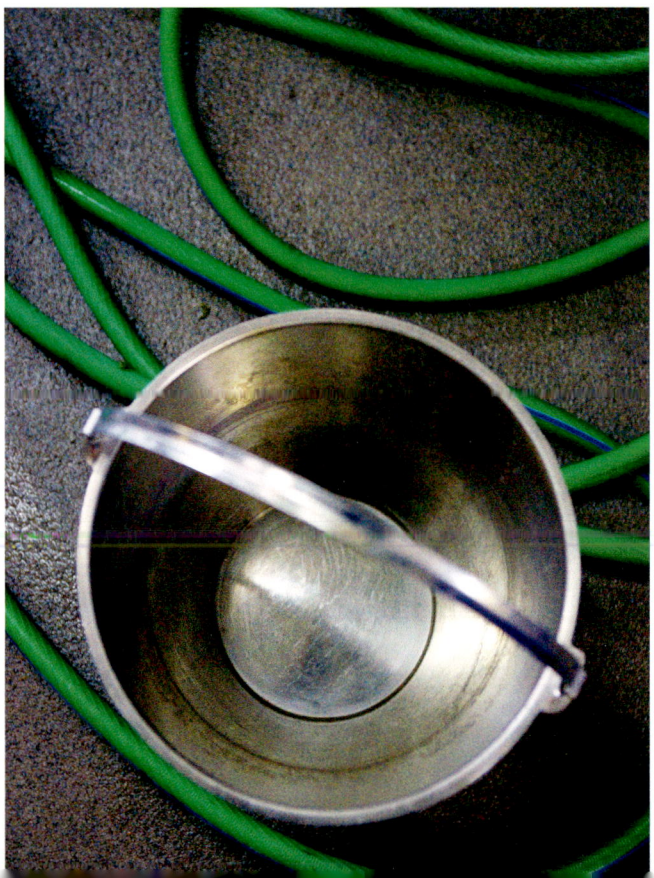

sein mit. Sina ist diplomierte Lebensmitteltechnologin und blickt auf lehrreiche Praktika im Piemont, in Chile und in Kalifornien zurück. Matthias verschlug es nach einer Laborantenlehre in der Basler Chemie bald in die Weinerzeugung. Es liess sich in Wädenswil zum Önologen ausbilden und wirkte dann zehn Jahre als verantwortlicher «Winemaker» auf dem grossen kalifornischen Weingut Paso Robles, das sich in Schweizer Besitz befindet.

Sina und Matthias sind ein Glücksfall für das Weingut Möhr Niggli. Spürbar ist Forti Möhrs stille Freude über die Nachfolgeregelung. Die beiden wollen die geschmeidige, trinkfreundliche Stilistik der Möhrschen Weine bewahren. Der Respekt vor der väterlichen Leistung wiegt zu schwer, als dass sie nun alles auf den Kopf stellen möchten. Lobenswert ist allerdings, dass sie sich auch mit einem eigenen, gemeinsamen Wein zeigen. Das im August 2010 erstmals vorgestellte Gewächs heisst «Pilgrim». Es stammt

Möhr Niggli
Steigstrasse 22 A
7304 Maienfeld
Telefon 081 330 10 83
www.moehr-niggli.ch

Anbaufläche
4 Hektar

Wichtigste Rebsorten
Pinot blanc, Pinot noir

Jährliche Produktion
Zirka 25 000 Flaschen

aus dem Jahrgang 2008, ist – wie könnte es anders sein – ein Pinot noir und wächst teilweise in der Maienfelder Lage «Pilger», was die beiden zum schönen Namen inspiriert hat. Sina und Matthias ernten seine Trauben in der Hoffnung auf eine möglichst perfekte Reife und ohne Furcht vor einer hohen Alkoholgradation möglichst spät – eine gewisse, in Kalifornien erworbene Abgebrühtheit spielt da auch mit. Die Maische wird in offenen Barriques von Hand gestossen. Der Ausbau vollzieht sich möglichst ohne Umzug achtzehn Monate in zu zwei Dritteln neuen Fässchen. Der komplexe Tropfen kommt unfiltriert in die Flasche. Kein Zweifel, mit dem Pilgrim erhält die breite Fraktion der handwerklich hergestellten, hochklassigen Bündner Pinot noirs markanten Zuwachs.

MARKUS STÄGER

Maienfeld

Markus Stäger ist ein Bündner Winzer der untypischen Art. Er stammt aus keiner Reb-
bauernfamilie wie die Mehrzahl seiner Kollegen. Sein Vater war Stadtschreiber von Maienfeld. Dieser erkannte früh, dass der junge Markus nicht gemacht war für eine Arbeit
am Schreibtisch. Denn der kantige Bursche fühlte sich in der freien Natur in seinem Ele-
ment. Dort sucht er die Herausforderung. Und dort lacht ihm das Glück. So bot sich
nach Schulabschluss eine Winzerlehre an, auch wenn man sich auf keine Tradition berufen konnte. Die tadellose Ausbildung führte den jungen Maienfelder auch in die Pfalz.
Auf dem erstklassigen Weingut Köhler-Ruprecht lernte er die Finessen der Weisswein-
bereitung. Wieder zurück im heimatlichen Städtchen baute er sich von Grund auf sein
eigenes Weingut. Als wertvolle Mitgift vererbte ihm der stolze Vater einen kleinen «Win-

Stäger Weine
Marktgasse 1
7304 Maienfeld
Telefon 081 302 76 44
www.staegerweine.ch

Anbaufläche
4 Hektar und 1 Hektar
Traubenzukauf

Wichtigste Rebsorten
Riesling-Silvaner, Pinot
gris, Blauburgunder

Jährliche Produktion
20 000 bis 30 000 Flaschen

gert» von fünfzig Aren – gleichsam die Keimzelle des mittlerweile hochgeschätzten Betriebs.

Heute bewirtschaftet Markus Stäger im klein strukturierten Maienfeld, das nie eine flächenbereinigende Melioration erlebte, zwölf Rebparzellen von insgesamt vier Hektar Grösse. Er schafft dies allein ohne festangestellte Mitarbeiter mit Unterstützung seiner aus dem Salzkammergut stammenden Frau Karin, die sich um die Administration und den Verkauf kümmert. Wohnen und keltern tut die Familie in einem 1994 erstellten Haus in der Nähe des Bahnhofs.

Markus Stägers subtile Handschrift zieht sich gut lesbar durch seine fünf Weine. Das sind der fruchtig-aromatische Riesling-Silvaner mit dem filigranen Süsse-Säure-Spiel, der kräftig-würzige Pinot gris, die beiden Blauburgunder: die beschwingte, fruchtbetonte klassische und die tiefgründigere, elegante Barrique-Version aus Trauben von über vierzig Jahre alten Rebstöcken. Und schliesslich das Dessert: der verführerisch duftende, knackig-süsse, tänzerische S 88 aus der Scheurebe, im Züchterjargon Sämling 88 genannt. Alle sind fein strukturierte, elegante, harmonische Gewächse mit einer klaren, präzisen Frucht. Sie besitzen den geschmeidigen Maienfelder Stil, der durch seine leichteren Böden und ungeschützteren Lagen weniger mächtig und üppig, sondern eine Nuance zarter und säurebetonter als im benachbarten Jenins oder Malans ist. Markus Stägers Rezept könnte lauten: parzellengerechte Vinifikation, dosiertes Risiko (beispielsweise Reinzuchthefen statt Spontangärung), Kombination von verschiedenen Keltertechniken (manuelle Gärführung mit Stösseln und Vergärung im vollautomatischen Ganimede Gärtank) und Vorsicht beim Holzeinsatz (nur ein Drittel Neuholz im Barrique-Ausbau). So erzielt er ausgewogene Weine von schöner innerer Dichte, in denen sich der sympathisch-zurückhaltende Winzer aufs Beste gespiegelt sieht.

Helene von Gugelberg

Maienfeld

Weingut Schloss Salenegg
7304 Maienfeld
Telefon 081 302 11 51
www.schloss-salenegg.ch

Anbaufläche
11 Hektar

Wichtigste Rebsorten
Chardonnay,
Blauburgunder

Jährliche Produktion
60 000 bis 80 000 Flaschen

Auf Schloss Salenegg herrscht produktive Aufregung. Es wird ein neuer Keller gebaut. Schlossherrin Helene von Gugelberg eilt von einer Planungssitzung zur anderen. Der Neubau soll sich möglichst diskret ins historische Ensemble mit Schlossgebäude, Barockgarten und Torkel einfügen und dennoch einen architektonisch markanten, eigenständigen Auftritt besitzen. Betriebsleiter Bernhard Wyler springt bei der Visite in die Bresche. Man ist bei ihm gut aufgehoben. Der bärtige, vertrauenerweckende Luzerner trat 1982 als Reb- und Kellermeister ein. Er gehört inzwischen zum Schloss wie der Kutscher zum Vierspänner.

Schloss Salenegg ist seit 1654 in Besitz der Familie von Gugelberg. Das adlige Geschlecht kaufte das über sechshundertjährige Anwesen für 14 000 Gulden und sechs Fuder Wein von den Töchtern des Ritters Anton von Molina und gab dem Schloss über die Jahrhunderte seine heutige Form. Noch immer staunt man über den dreizehn Meter langen Torkelbaum. 1658 soll es die Zugkraft von dreizehn Ochsenpaaren gebraucht haben, um ihn vom Walensee nach Maienfeld zu bringen.

Als Bernhard Wyler debütierte, kelterte er bloss einen Wein, den beerig-fruchtigen Blauburgunder Schloss Salenegg. Einen typischen Herrschäftler, einen geschmeidig-sanften Maienfelder, immer etwas teurer als die Weine der Nachbarn. Das war das Gewächs seiner adligen Herkunft schuldig. Doch in den vergangenen zehn Jahren hat sich auf Schloss Salenegg ein stiller Wandel vollzogen. Das Sortiment umfasst heute vier verschiedene Weine. Die Anbaufläche wurde von sieben auf elf Hektar vergrössert. 1,5 Hektar gehören dem Chardonnay, der Rest dem Blauburgunder – einem Klonengemisch, mit einem beträchtlichen Anteil früher reifender, kleinbeeriger Burgunderklone. Die Sortimentserweiterung hat zu Engpässen im Keller geführt, welche durch den Neubau nun beseitigt werden sollen.

Auf Wunsch der Familie von Gugelberg erzeugt Bernhard Wyler einen neuen Weisswein, die Cuvée blanche. Der gefällige, würzig-trockene Tropfen besteht aus 88 Prozent Federweisser und 12 Prozent Chardonnay. Kein Holz stört die frische, süffige Frucht. Erfreulich gemausert hat sich der Chardonnay. In seinen Jungfernjahren geriet er manchmal gar holzbetont und korpulent. Mittlerweile hat Wyler den Anteil Neuholz klugerweise auf ein Drittel limitiert. Zwei Drittel des Mostes vergären nun im Stahltank, was dem Wein mehr Frische und Rasse verleiht.

Der Blauburgunder Traditionnel ist das Schlachtross des Betriebs. Er wird geschickt und geduldig im grossen Holzfass ausgebaut. Ein unprätentiöser Maienfelder für jede Gelegenheit, mit der Verlässlichkeit eines VW-Motors. Mehr PS, um beim Bild zu bleiben, besitzt der Pinot noir Barrique. Ausschliesslich aus Burgunderklonen und einem Ertrag von tiefen 450 Gramm pro Quadratmeter erzeugt, reift der konzentrierte Wein zwölf Monate in zu fünfzig Prozent neuen Barriques und anschliessend nochmals zwölf Monate auf der Flasche. Der 2007er zeigt sich kraftvoll und komplex, der 2008er besitzt grössere Fruchtprägnanz und Eleganz.

Bernhard Wyler ist kein Haudegen. Er ist sich nur zu gut bewusst, dass er die Weine im Angestelltenverhältnis erzeugt. Das bedeutet Verzicht auf abenteuerliche Vinifikations-methoden, dosiertes Risiko, keine Spontanvergärung, keine unfiltrierten Weine, aber doch solide Maischegärungen mit regelmässigem Umpumpen oder Stösseln. Vermut-lich liegen solche Experimente dem unaufgeregt wirkenden Mann auch nicht. Sie wür-den ihn womöglich um den Schlaf bringen oder, noch schlimmer, vom Fischen abhalten. Dennoch hat er die feingliedrigen, eleganten Weine von Schloss Salenegg in einer mit-teltourigen Vorwärtsbewegung kontinuierlich verbessert. Helene von Gugelberg, die ihre Passion in einer kleinen, feinen Essigproduktion auslebt, weiss das zu schätzen.

Andreas von Sprecher und Rolf Clavadetscher

Maienfeld

Andreas von Sprecher empfängt in der Bibliothek des mächtigen Sprecher-Hauses am Städtliplatz in Maienfeld. Er wird begleitet von Rolf Clavadetscher, seinem Reb- und Kellermeister, einem ruhigen, bedächtigen Schaffer. Die Räume atmen Geschichte. Das Weingut Pola – der Name ist vom Rätoromanischen abgeleitet und bedeutet Halde – kann auf eine fünfhundertjährige Historie zurückblicken und gehörte einst dem Kloster Pfäfers. Der mauerumfriedete Rebberg oberhalb des Städtchens geniesst einen exzellenten Ruf und gilt als Maienfelder Grand-Cru-Lage. Die Flaschenetiketten der Pola-Weine besitzen nostalgisches Charisma. Sie wurden für den an der Weltaustellung 1889 in Paris präsentierten Blauburgunder entworfen und bis heute nicht verändert. Die Familie darf sich einer mindestens sechzigjährigen Tradition der Selbstvermarktung rühmen. Während sich ihre Mitglieder der Juristerei und Administration widmen – auch Andreas von Sprecher führt eine Kanzlei in Zürich – erzeugen die Clavadetscher den Wein. Schon Rolfs Vater Jörg bildete mit Andreas' Vater Theophil ein gut eingespieltes Gespann. So viel Glorie, so viele, das Mittelmass sprengende Attribute machen natürlich neugierig auf den Wein, der im tiefen, steinernen Keller des Hauses gekeltert wird.

Weingut Pola

Sprecherhaus

Städtli 2

7304 Maienfeld

Telefon 081 330 15 21

www.polawein.ch

Anbaufläche

6,5 Hektar

Wichtigste Rebsorten

Riesling-Silvaner,

Chardonnay,

Grauburgunder,

Blauburgunder

Jährliche Produktion

35 000 bis 40 000 Flaschen

Unbestrittenes Hauptgewächs ist der klassische Pola-Blauburgunder, ein dunkelfarbiger und dunkelfruchtiger, erdig-würziger Wein von mittlerer Struktur. Rolf Clavadetscher erfüllt das Anforderungsprofil, das sein Chef an den Wein stellt: «Sorten-, jahrgangs- und regionstypisch, geradlinig und ehrlich», müsse er sein. Die Barrique-Version zeigt sich daneben dichter und länger, wirkt durch leichte Bitternoten aber etwas vom Holz gezeichnet. Die Frage, ob eine längere Flaschenreife sich positiv auswirken könnte, bleibt im Raum stehen. Von Sprecher jedenfalls ist eher skeptisch: «Das Altern unserer Weine bringt sensorisch nicht viel.»

Die weissen Pola-Weine gefallen unterschiedlich: Der Riesling-Silvaner ist muskatbetont, saftig-süffig und trocken. Der ohne Holz ausgebaute Chardonnay besitzt eine schöne Frucht, eine gewisse Frische und Rasse. Der Grauburgunder ist wuchtig, alkoholisch, etwas korpulent und leicht restsüss – hier wurde wohl dem warmen Jahrgang 2009 Tribut gezollt.

Bei den Spezialitäten setzt Andreas von Sprecher auf zwei gebietsfremde Sorten: Syrah und Malbec. Die beiden Weine sind die teuersten des preislich vernünftig agierenden Weinguts. Letzterer tritt ziemlich burschikos auf, für ihn soll in einer Assemblage noch eine Komplementärsorte gefunden werden. Der Shiraz (sic!) – pfeffrig, würzig, saftig – zeichnet sich durch einen eigenständigen Stil aus. Dabei bleibt die Frage, ob diese spätreifenden Trauben die richtigen Sorten für Polas eher höher gelegene Lagen sind. Zumal auf den Föhn in den letzten Jahren nicht immer Verlass war, was Andreas von Sprecher bedauert und darin eine mögliche Folge einer wie auch immer definierten Klimaveränderung vermutet. Vielleicht wäre eine Konzentration auf den Pinot noir förderlicher, dessen Potenzial auf dem Weingut Pola mit seinen erstklassigen Rebbergen und seiner stolzen Geschichte nicht ganz ausgeschöpft scheint.

Rudolf und Ursina Wullschleger

Maienfeld

Rudolf Wullschleger ist von heiterem Gemüt. Sein Lebensmotto huldigt der Gelassenheit: «Das Leben so nehmen, wie es kommt», sagt er schmunzelnd. Er mag die weichen, eher lieblichen Weine. Eine kleine Dosis Restzucker, vor allem bei den Weissen, schreckt ihn nicht. Ganz im Gegenteil, denn solch freundlicher Charme scheint auch seiner grossen, treuen Stammkundschaft zu gefallen. Und seine Kunden sind es ja schliesslich, für die er die Weine erzeugt.

Rudolf Wullschleger hat 1987 mit Blauburgunder und Pinot gris auf zwei Hektar Rebfläche begonnen. Die Weinberge stammen aus der Familie seiner Mutter, einer geborenen Nigg. Heute bewirtschaften Rudolf und Ursina Wullschleger vier Hektar mit neun Sorten. Die Wullschlegers sind tipptopp organisiert. Ursina arbeitet hauptsächlich und mit Lust in den neun Parzellen, sieben in Maienfeld, je eine in Fläsch und Malans. Ihr Mann steht ihr natürlich im Rebberg zur Seite. Doch sein eigentliches Reich ist der Keller. Da ist alles akkurat an seinem Platz. Ordnung ist schon fast die halbe Miete.

Aus der Weissweinpalette – Riesling-Silvaner, Chardonnay, Pinot gris, Sauvignon blanc – ragt Letzterer heraus. Er wurde in Barriques ausgebaut und bezirzt mit Holunder- und Grapefruitnoten, Röstaromen und einem gelungenen Spiel zwischen Süsse und Säure. Die zwei Pinot noirs sind geschmeidig und harmonisch. Das Holz steht der Barrique-Version gut an. Es sind typische, sanfte Maienfelder. Wullschleger berieselt sie während der Gärung mit Panflötenmusik. Das passt ganz gut zu ihrem Charakter.

Am Schluss der Verkostung überrascht der fünfzigjährige Winzer mit zwei unerwarteten Weinen: Zum einen mit einem gerbstoffbetonten Nebbiolo. Wullschleger halbiert die Trauben nach der Blüte, um mehr Konzentration zu erhalten. Das Bouquet erzählt, nebbiolotypisch, von Veilchen und Rosen. Zum andern entkorkt er einen würzig-animalischen, nach Brombeeren duftenden Cabernet Sauvignon. Wullschleger liebt die Sorte. Er hat sie vor über zwanzig Jahren entlang der Rebbergmauern gepflanzt. Die Rebstöcke sind nun im besten Alter und reifen dank der geschützten Lage regelmässig aus. Keine Selbstverständlichkeit in der Herrschaft.

Wullschleger Weine
Rudolf und Ursina
Wullschleger-Planta
Pfandgraben 9
7304 Maienfeld
Telefon 081 302 56 80
www.wullschleger-weine.ch

Anbaufläche
4 Hektar

Wichtigste Rebsorten
Riesling-Silvaner,
Pinot gris, Sauvignon
blanc, Pinot noir

Jährliche Produktion
30 000 Flaschen

FLÄSCH

Bündner Herrschaft

Fläsch durfte 2010 jubeln: Die nördlichste und mit einer Anbaufläche von 66 Hektar kleinste Rebbaugemeinde der Bündner Herrschaft erhielt den Wakkerpreis des Schweizer Heimatschutzes. Nicht weil im verträumten Dorf mit der grössten Selbstkeltererdichte wacker getrunken wird, sondern wegen der innovativen Fläscher Ortsplanung. «Dank Landumlegungen konnten die charakteristischen Wein- und Obstgärten im Dorfkern erhalten werden, ohne die bauliche Weiterentwicklung zu verhindern. Zudem fördert die Gemeinde aktiv gute zeitgenössische Architektur, indem sie berät und mit gutem Beispiel vorangeht», heisst es in der Laudatio. Dank einem klugen Zonenplan ist das Winzerdorf gewachsen und hat gleichzeitig seinen kleinräumigen, authentischen Charakter bewahrt.

Weitsicht hatten die Bewohner von Fläsch aber schon vierzig Jahre zuvor bewiesen. Im Zuge einer gut vorbereiteten Güterzusammenlegung verdoppelte sich die Rebfläche, was die Existenzgrundlage für eine starke Winzerschicht legte. Auf einen Schlag kam das Bauerndorf, das früher keine Selbstabfüller kannte und den Grossteil der Ernte an Volg verkaufte, ab 1976 zu einer vielfältigen Weinproduktion. Die beiden Hauptanbaugebiete verteilten sich nun zum einen auf die alte Fläscher Halde, eine bis zu sechzig Prozent steile, warme Südlage auf wasserdurchlässigem Schieferschutt, in der vor allem spät reifende Sorten gut gedeihen. Zum anderen entstand auf der Feldrüfi unterhalb des Steigwalds gegen Maienfeld hin ein neues Rebgebiet hauptsächlich mit Blauburgunderreben, denen es auf dem kalkreichen Rüfischutt behagt. Die gut ausgebildeten Söhne der Pioniergeneration, die nun eine lockende Zukunftsperspektive hatten, machten sich erfolgreich daran, den Fläscher Wein zu emanzipieren. Heute steht bereits die nächste Generation in den Startlöchern, und Fläsch wird in einem Atemzug mit Malans, Jenins und Maienfeld genannt.

Hansruedi und Rezia Adank

Fläsch

Hansruedi und Rezia Adank hätte auch der beste Berater für Corporate identity nicht trefflicher coachen können. Beim Fläscher Winzerpaar passt alles zusammen: ihr liebenswürdig-zurückhaltendes Auftreten, das stattliche Wohnhaus mit dem neuen Kellererweiterungsbau – ein vom Fläscher Architekten Kurt Hauenstein entworfener abgeschrägter Anbau mit kargen, wohlüberlegt in die weiss verputzte Fassade geschnittenen Fenstern, der sich selbstbewusst, aber leise ins Gesamtensemble einfügt – sowie die prächtigen Weine, wiederum eher zurückhaltend, feingliedrig, geradlinig, schnörkellos.

Hansruedi Adank trat 1984 nach einer Winzerlehre in den elterlichen Betrieb ein. Vater Christian Adank war einer der Landwirte gewesen, die bei der weitsichtigen Fläscher Güterzusammenlegung Anfang der siebziger Jahre zu Rebland gekommen waren, und hatte sich fortan auf die Traubenproduktion konzentriert. Hansruedi führte die Selbstkelterung ein und erweiterte mit der Zeit die Anbaufläche, den Rebsortenspiegel und die Weinvielfalt. Heute bewirtschaftet die Familie sechs Hektar, baut sieben Sorten an und hat elf Weine im Angebot.

Hansruedi Adank ist ein Winzer der puristischen Art. Er weiss, was er will, und handelt dementsprechend. Er liebt die reinsortigen Weine und mag keine Assemblagen. Rotweine mit Restzucker lehnt er ab – was sich selbstverständlich anhört, ist so selbstverständlich nicht: Auf der Jagd nach Konsumfreundlichkeit erliegen mehr und mehr auch rote Tropfen dieser Mode. «Dem Wein Zeit geben» lautet eines seiner wohlfeilen Mottos. Die Gärdauer interessiert ihn wenig. Die Weissen liegen bis in den Frühling trüb auf der Hefe. Die Umzüge beschränkt er auf ein Minimum.

Weingut
Familie Hansruedi Adank
St. Luzi 3
Heidelberggässli 4
7306 Fläsch
Telefon 081 302 65 56
www.adank-weine.ch

Anbaufläche
6 Hektar

Wichtigste Rebsorten
Riesling-Silvaner,
Sauvignon blanc,
Pinot noir, Syrah

Jährliche Produktion
35 000 Flaschen

Innovationen und Experimenten verschliesst sich Adank indes nicht. Chardonnay, Pinot gris und Sauvignon blanc geniessen ganz oder teilweise die Segnungen des kleinen Holzfasses und werden dabei auch «batonniert». «Die Barrique als Strukturverlängerung für fruchtintensive Weisse» nennt er das. Kein Holz und auch keinen vollständigen biologischen Säureabbau erleben Riesling-Silvaner und Pinot blanc. Sie danken das im verkosteten Jahrgang 2008 mit Frischfruchtigkeit und Rasse.

Gut drei Viertel der Adankschen Produktion entfällt auf Rotwein. Wie überall in Graubünden ist der Pinot noir König. Adank bevorzugt ein Klonengemisch – die Schweizer Klone schenken Schmelz und Brillanz, die Burgunderklone die Tanninstruktur – und hohe Stockdichte. Von den drei Pinot noirs bereitet der einfache unkomplizierten Trinkspass. Der mittlere, die im grossen Holzfass, in Doppel-Barriques und in gebrauchten Barriques ausgebaute Auslese, hat das Problem, der mittlere zu sein: Er hebt sich nicht entscheidend von den beiden anderen ab und wirkt dadurch nicht zwingend. An der Spitze steht der Barrique, nach Kirschen duftend, harmonisch, elegant, markant, aber nicht unsanft strukturiert. Hansruedi Adank arbeitet mit Kaltstandzeit und teilweiser Spontangärung. Zirka zehn Prozent der Trauben fermentieren ganz mit den Stielen und Rappen. Dies holt Extraktsüsse heraus, von der die Bündner Blauburgunder ohnehin fast zu viel besitzen. Der Neuholzanteil macht ein Drittel aus. Spürbar das Fingerspitzengefühl des Winzers und die Suche nach Finesse.

Gegen Ende des Besuchs präsentiert Adank einen Syrah. Der Wein aus der heissen und steilen Fläscher Halde, die der Traube ein langes Ausreifen ermöglicht, überrascht mit pfeffriger Würze, blaubeerigen Noten und reifen Tanninen. Damit erzeugt Hansruedi Adank den besten Syrah der Herrschaft. Doch eigentlich ist das nur folgerichtig, schliesslich war er 1995 auch der Erste gewesen, der die Sorte aus dem Rhonetal anpflanzte.

ANDREA UND MARIANNE DAVAZ

Fläsch

Das Weingut Porta Raetia ist nicht zu übersehen. Wie ein Findling steht der schlichte, moderne Bau in den Reben des Fläscher Felds. Hans Davaz hatte als eine der treibenden Kräfte der Güterzusammenlegung Land zwischen Fläsch und Maienfeld eingetauscht und von der Landwirtschaft auf Weinbau umgestellt. 1976 zog die siebenköpfige Familie vom Dorf weg in die neue Rebsiedlung. Heute führt dort sein gewiefter Sohn Andrea Davaz gemeinsam mit seiner Frau Marianne die Geschäfte.

Der Lebensweg des Andrea Davaz ist eine beeindruckende Geschichte des Aufstiegs. Als Bub molk er noch Kühe auf dem elterlichen Bauernhof. Mit fünfundvierzig ist er sechsfacher Familienvater, smarter Unternehmer mit einem Weingut und zwei Weinhandlungen sowie ein in Sachfragen harter, im Umgang aber konzilianter SVP-Grossrat. Neben Porta Raetia besitzt Davaz die bedeutende Weinhandlung Von Salis und ist in Pontresina an der Wine AG Valentin & von Salis beteiligt. Von Salis handelt nicht nur mit Weinen – das Sortiment ist hochklassig –, sondern produziert unter dem Von-Salis-Label auch praktisch die ganze Palette der weissen und roten Bündner Weine. Die Firma übernimmt das Traubengut von Weinbauern, und zwar von 35 bis 40 Hektar der

Anbaufläche und gehört damit zu den grössten Verwertungsbetrieben der Region. Alle Weissen und die roten Flaschenweine in Sieben-Deziliter-Qualität werden auf Porta Raetia vinifiziert. Sie sind von sehr typischer, solider, verlässlicher Güte.

Andrea Davaz räumt ein, dass der Weinhandel zirka fünfzig Prozent seiner Arbeitskraft beansprucht. Er ist längst kein Winzer mehr, steht auch kaum mehr in den Reben. Er ist Betriebswirtschaftler, hat ein gutes Gespür für Zahlen. Ohne die anderen fünfzig Prozent, die er für das Weingut der Familie einsetzt, würde ihm allerdings etwas fehlen. Er liebt den Wechsel zwischen den beiden Rollen als Manager und Önologe.

Davaz ist seit 1997 alleiniger Besitzer von Porta Raetia. Vorher teilte er den Betrieb mit seinem drei Jahre älteren Bruder Johannes, der 1990 ins Chianti-Classico-Gebiet ausgewandert ist. Beide Brüder sind gelernte Winzer und Weinküfer. Gemeinsam hatten sie in Badia a Passignano die Azienda Poggio al Sole gekauft. Johannes – oder Giovanni, wie ihn die Italiener kennen – brachte das Weingut dank seiner guten Ausbildung rasch in die erste Reihe der Chianti-Erzeuger. Wechselseitig unterstützen sie sich in den beiden Betrieben. Heute verkauft Von Salis auch die Gewächse von Poggio al Sole, darunter den wunderbaren «Casasilia». Und mit dem «Insieme» – einer Cuvée aus Fläscher Pinot noir und Merlot aus Badia a Passignano – erzeugen sie über die Grenze hinweg gemeinsam einen originellen «Bruderwein».

Ohne entscheidende Mithilfe lässt sich natürlich eine derartig vielfältige Beanspruchung nicht bewältigen. Andrea Davaz verfügt denn auch seit 2006 mit dem Spiezer Christian Maurer über einen brillanten Kellermeister. Maurer verdiente sich seine Sporen auf der Azienda Isole e Olena ab, einem anderen famosen Chianti-Classico-Weingut. Sangiovese und Pinot noir haben für ihn in ihrem mimosenhaften Charakter viele Gemeinsamkeiten. Sie erfordern vom Önologen Sensibiliät und Fingerspitzengefühl.

Maurer brachte aus der Toskana den Ganimede-Gärtank mit. Das Untertauchen des Tresterhuts erfolgt bei der Ganimede-Gärtechnik ohne mechanischen Einfluss, allein durch die Gärkohlensäure. Andrea Davaz ist überzeugt, dass die schonende und erst noch arbeitskraftsparende Methode zu farbintensiveren, frischfruchtigeren Weinen mit weichen, seidigen Tanninen führt.

Ob nun der Einfluss von Ganimede oder der neue Kellermeister – riech- und schmeckbarer Fakt ist, dass sich die Weine von Davaz seit dem Jahrgang 2006 merklich verbessert haben. Die Weissen, die Maurer – bis auf den barriquegereiften Chardonnay Gräba – reduktiv im Tank ausbaut, besitzen Aromenfrische, Klarheit und eine kristalline Säure. Man findet nun auf Porta Raetia etwa einen modernen Riesling-Silvaner oder seit 2008 einen bergwasserklaren Sauvignon blanc. Die Weissen sind alle erfreulich trocken vinifiziert. Die zwei roten Pinot noirs – die Sorte bedeckt achtzig Prozent der Rebfläche – überzeugen mit einer herrlich sortentypischen Frucht. Der dichte, intensive Spitzenwein

Weingut Davaz
Porta Raetia
7306 Fläsch
Telefon 081 302 17 10
www.davaz-wein.ch

Anbaufläche
13 Hektar

Wichtigste Rebsorten
Riesling-Silvaner,
Chardonnay, Pinot gris,
Pinot noir

Jährliche Produktion
70 000 Flaschen

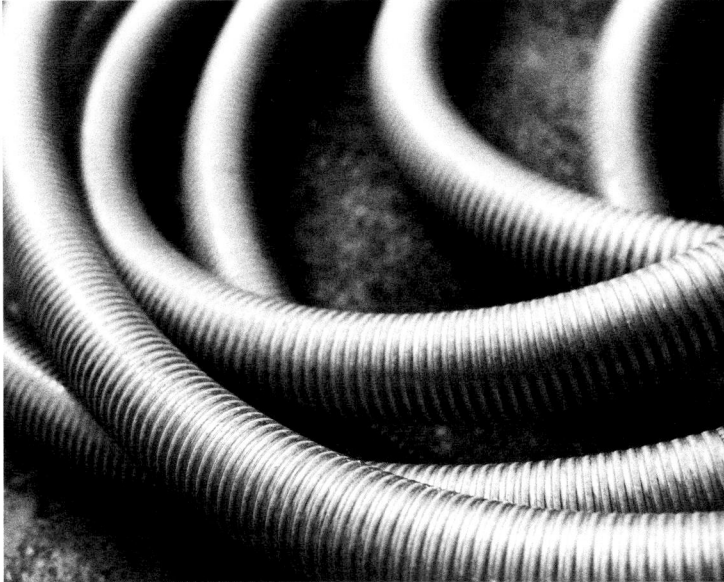

stammt aus einem Klonengemisch von der Lage Uris. Er kommt nach dem Säureabbau für relativ kurze zehn bis elf Monate in Barriques von fünf verschiedenen Lieferanten. Milchsäuregärung im kleinen Holz wird ein Thema, sobald der neue Barriquekeller gebaut und die Platznot behoben ist. Der Neuholzanteil wurde auf zwanzig bis dreissig Prozent heruntergefahren, was die früher allzu dominante Röstaromatik zurücknimmt. Porta Raetia befindet sich auf gutem Kurs. Vielleicht findet Andrea Davaz jetzt noch mehr Zeit fürs Marathon-Training. Es gilt die eigene Bestzeit von drei Stunden und zwanzig Minuten beim «Züri Marathon» zu unterbieten.

Martha und Daniel Gantenbein

Fläsch

Martha und Daniel
Gantenbein
7306 Fläsch
Telefon 081 302 47 88
wine@
gantenbeinwine.com

Anbaufläche
6 Hektar

Wichtigste Rebsorten
Chardonnay, Pinot noir

Jährliche Produktion
25 000 bis 30 000 Flaschen

Wer die Strasse von Maienfeld nach Fläsch durch die Rebfelder nimmt, erspäht zu seiner Rechten ein grosses, rechteckiges Gebäude mit einem schirmartig gespannten gewellten Eternitdach. Was von weitem an einen überdimensionierten Kornspeicher erinnert, entpuppt sich aus der Nähe als ein wuchtiges Weingut. Die Backsteinfassade schimmert ockerfarben. Je nach Lichteinfall verändert sich ihre Struktur und enthüllt ein Relief von Traubenbeeren. Die Wände wurden mithilfe eines Mauerwerk-Roboters gefertigt, der die Ziegelsteine so gegeneinander verdrehte, dass die vorderen, vorspringenden Teile heller erscheinen als die hinteren. Im Inneren des Baukörpers, in der «Cuvéerie» mit den elf hölzernen Gärbottichen ergibt sich daraus ein reizvolles Spiel zwischen Licht und Schatten, das den grosszügig konzipierten Raum in eine geradezu sakrale Atmosphäre taucht.

Martha und Daniel Gantenbeins 2006 von den Churer Architekten Valentin Bearth, Andreas Deplazes und Daniel Ladner entworfener Kellerneubau markiert den vorläufigen Höhepunkt in der Karriere dieses einzigartigen Winzerpaars. Man könnte seitenlang von den einzelnen Details des Bauwerks schwärmen – dem «Chai» mit den spektakulären Pilzsäulen, der überragenden Farbensprache quer durch die drei Geschosse, die das Weinsortiment zitiert, dem Festsaal, der im zweiten Geschoss zum Essen, Trinken und stilvollen Chillen einlädt –, wenn darüber nicht vergessen ginge, dass wir über eine Weinproduktionsstätte schreiben, die zwar architektonisch herausragend ist, in der aber vor allem herausragende Weine erzeugt werden. Darum zurück zum Wein und zu unseren weit über die Landesgrenzen hinaus bekannten Winzern.

Martha und Daniel Gantenbein starteten 1982 in einem Bauernkeller im alten Dorfteil von Fläsch mit einem süffigen, landweinartigen Blauburgunder. Martha war Kauffrau, stammte aus einer Winzerfamilie und brachte Reben mit in die Partnerschaft; Daniel wuchs in Malans auf, lernte Maschinenmechaniker, entdeckte aber schon früh – etwa im Torkel von Georg Fromm – seine Liebe zum Wein. Er kam also von aussen, was den Blick im Innern schärfte. Parallel zur eigenen Weinerzeugung entwickelte sich eine Leidenschaft für die grossen Gewächse der Welt. Sie erwarben ein Iäuschen im Piemont und wurden Nachbarn des legendären Barolo-Winzers Elio Altare. Sie bereisten die berühmten Weingebiete Frankreichs, Deutschlands und Kaliforniens, befreundeten sich mit vielen Kollegen und verfielen dabei vor allem dem weissen und roten Burgunder

sowie dem deutschen Riesling, insbesondere der mineralisch-filigranen Moselvariante. Der erste Schritt zur Qualitätssteigerung bestand in der Ertragsbegrenzung auf 500 Gramm pro Quadratmeter. Die Kollegen hielten die beiden für verrückt, staunten aber, als sie das Potenzial des fabelhaften Jahrgangs 1990 nicht wie andere verschenkten, sondern daraus ihren ersten richtig guten, dichten Wein kelterten. Der zweite Schritt war die konsequente Umstellung auf Barriques. Ab 1995 wird der Pinot noir ausschliesslich in neuen Barriques ausgebaut. Der dritte Schritt – zeitliche Überschneidungen sind mitgedacht – brachte die langsame Umstellung auf kleinbeerige Burgunderklone auf schwachwüchsiger Unterlage in einer Stockdichte von 7500 Pflanzen pro Hektar, was die einzelne Stockbelastung reduziert und die Reben in grössere Konkurrenz zueinander stellt. Das Sortiment wurde auf drei Weine zurückgestutzt: Chardonnay, Pinot noir und Riesling als Hommage an die Winzerfreunde von der Mosel, Letzterer in so kleiner Menge, dass er mehr den eigenen Durst als jenen der Kunden stillt.

Die weiteren Entwicklungen können als konsequente Verfeinerung des so Aufgegleisten gelesen werden: Kaltmazeration, Vergärung mit den eigenen Hefen und manuellem Stösseln des Tresterhuts in offenen Holzbottichen beim Pinot noir; Barriquevergärung der bloss gequetschten und nicht entrappten Trauben ohne Maischestandzeit und Ausbau mit gelegentlicher «Bâtonnage» (Aufrühren der Hefe im Fass) in sechzig bis siebzig Prozent neuen «Piècen» beim Chardonnay. Verzicht auf Pumpen, auf Schönung und

Filtration bei beiden Weinen. Der Chardonnay wächst heute in vier Lagen, unter anderem in der schieferhaltigen Halde. Diese Vielfalt hat den Wein komplexer, mineralischer, «vertikaler» werden lassen, ihm mehr Tiefe gegeben. Der Pinot noir dagegen kommt vor allem aus der Lage Feld. Die fast totale Umstellung auf acht verschiedene Burgunderklone hat die Frucht verstärkt und die Tannine verfeinert. Zunehmend verliert auch die Holzprägung an Dominanz.

Gantenbein-Weine altern gut, ja, sie verlangen geradezu nach Flaschenreifung. Das zeigen Vertikaldegustationen. Im Sommer 2010 konnte ich die Roten komplett von 1995 bis 2008 durchkosten. In etwas angeschlagener Form zeigte sich einzig der rustikale 1998er. Beim Chardonnay entkorkte Daniel Gantenbein die Jahrgänge 1998, 1999, 2001 und 2005 bis 2008. Zu bemängeln gab es nichts, zu loben vor allem den lebendig-saftigen 1999er und die Frische, Frucht und Mineralität der jüngsten Jahrgänge.

Der lange gemeinsame Weg führte Martha und Daniel Gantenbein zu Klarheit und Konzentration. «So viel wie nötig, so wenig wie möglich», heisst ihre Devise in der Weinbereitung. Man wüsste nicht, was heute noch der Veränderung bedarf. Vielleicht lockt dereinst einmal die Erzeugung eines Pinot noir aus einer Einzellage. Dafür müsste aber auf einen genügend grossen Bestand an alten Reben zurückgegriffen werden können, sagt Daniel. So sind also nochmals zehn Jahre Warten angesagt.

Der Erfolg hat die beiden nicht verdorben. Starallüren sind nicht festzustellen. Höchstens eine gewisse Distanziertheit, die mehr aus einem Bedürfnis nach Selbstschutz als aus dem Temperament oder dem Charakter des symbiotisch agierenden Paars resultiert. Ist diese Distanz einmal überwunden, erlebt man sie als auf unkomplizierte Art zugänglich. Daniels meckerndes Lachen und Marthas hilfsbereite Liebenswürdigkeit. In Anlehnung an Max Frisch möchte man dann kalauern: «Mein Wein sei Gantenbein.»

CHRISTIAN HERMANN

Fläsch

Christian «Hitsch» Hermann ist ein zäher Einzelkämpfer, geradlinig, ausdauernd, manchmal stur, aber immer authentisch. Im Gegensatz zu seinen Fläscher Winzerkollegen hat er sein Sortiment klug auf fünf Weine beschränkt. Übertroffen in der Schmalheit des Angebots wird er nur noch von Daniel und Martha Gantenbein.

Weinbauer wollte er schon als Primarschüler werden. 1990 startete er als 22-Jähriger mit 2,7 Hektar Reben. Zwanzig Jahre später steht er im Zenith seines Erfolgs. Er bewirtschaftet zwei Hektar in der Fläscher Halde und 2,3 Hektar im Fläscher Feld. Seine Weine geniessen hohes Ansehen. Den Grossteil verkauft er jeweils zu Beginn des neuen Jahres in Subskription und ist damit bei Frühlingsanfang ausverkauft. Glücklicherweise behält er immer ein paar Flaschen zurück, so dass sich Hoffnung machen darf, ein paar Bouteillen zu ergattern, wer später im Jahr in seinem engen, kleinen Keller im Unterdorf vorbeischaut.

Als einer von wenigen Schweizer Winzern keltert Christian Hermann Riesling. Elf Hektar Riesling-Reben wachsen insgesamt in der Schweiz, Hermann darf 2,7 Prozent für sich beanspruchen. Der filigrane Tropfen orientiert sich am Moselstil – die dezente Süsse

tanzt ballerinamässig mit der knackigen Säure. Im Jahr 2000 pflanzte er die ersten Chardonnay-Stöcke. Die Sorte passt für ihn am besten zum Pinot noir. Zudem gehört der in Graubünden ebenfalls beliebte Sauvignon blanc nicht zu seinen Vorlieben. Sein Chardonnay reift zehn Monate in neuen Barriques. Der 2008er ist ihm fabelhaft gelungen: dicht, mineralisch, einem sehr guten Chablis ebenbürtig.

Beim Rotwein dreht sich für Christian Hermann alles um den Pinot noir. Anfänglich pflanzte er fast nur die kleinbeerigen Burgunderklone, deren frühere Reife nicht immer ideal zu den vergangenen warmen Jahren passte. Später reifende Schweizer Klone würden von der Klimaerwärmung mehr profitieren.

Ganz begeistert erzählt er von seinen beiden neuen Ganimede-Gärtanks, in denen die Beeren im eigenen Saft ohne mechanischen Einfluss vergären. Dank der Energie des bei der Gärung freigesetzten Kohlenmonoxids muss der Tresterhut nicht überpumpt oder manuell durchbrochen werden. Das soll zu farbintensiveren, fruchtigen und weichen Weinen mit eleganten, nicht adstringierenden Tanninnen führen. Des Winzers Enthusiasmus ist darüber hinaus auch aus einem anderen Grund verständlich: Das Verfahren bringt eine wesentliche Arbeitsersparnis mit sich.

Christian Hermann erzeugt drei verschiedene Pinot noirs: den klassischen «Pinot noir», acht Monate in ein- und zweijährigen Barriques ausgebaut, die «Réserve», die zehn Monate in neuer französischer Eiche reift, und den raren und teuren «H» aus der eng bestockten Lage Stritaberg im Fläscher Feld. Der dichte, elegante Wein ist ein Unikum: Er lagert zehn Monate in neuen 114-Liter-Fässchen, sogenannten Zigarillos, die Christian Herman einst beim berühmten Barolo-Winzer Enrico Scavino entdeckt hat. Eine kapitale Ladung Holzaromen, die der Wein aber nach einigen Jahren gut verdaut hat.

Man kann sich allerdings dennoch fragen, ob es wirklich drei Pinot noirs braucht und die Konzentration auf zwei Blauburgunder das Profil nicht schärfen würde. Der mittlere ist der problematischste. Nur langsam verblasst bei ihm die markante Holzprägung, während der «H» nach fünfjähriger Flaschenreife erblüht und mit seinen immer noch präsenten Röstaromen attraktiv und verführerisch wirkt. Vielleicht könnte Christian Hermann durch die Beschränkung auf einen verfeinerten Standard-Pinot und den unvergleichlichen «H» sein verdientes Renommee weiter mehren.

Christian Hermann
Weinbau
Unterdorf 17
7306 Fläsch
Telefon 081 302 66 65
www.hermann.ch

Anbaufläche
4,3 Hektar

Wichtigste Rebsorten
Riesling, Chardonnay,
Pinot noir

Jährliche Produktion
30 000 Flaschen

PETER, ROSI UND ROMAN HERMANN
Fläsch

Weinbau Peter und Rosi
Hermann
Hinterdorf 6
7306 Fläsch
Telefon 081 302 40 85
www.weinbau-hermann.ch

Anbaufläche
6,5 Hektar

Wichtigste Rebsorten
Riesling-Silvaner,
Sauvignon blanc,
Pinot gris, Pinot noir,
Zweigelt

Jährliche Produktion
50 000 Flaschen

Peter Hermann gehört zu den Winzer-Urgesteinen von Fläsch. In der legendären Güterzusammenlegung zu Beginn der siebziger Jahre wurde seinem Vater Hanspeter im Tausch gegen Ackerfelder fünf Hektar Rebland im Fläscher Bad beim Ellhorn zugeteilt. Der energische Mann machte sich umgehend an die Terrassierung und Bepflanzung. Gleichzeitig restaurierte er die historischen Kellergewölbe des ehemaligen Fläscher Bads und baute den romantischen Ort zu einem Grotto aus. Peter, der eine Landwirtschaftslehre absolviert hatte, holte die Winzerausbildung nach, und die Familie sattelte auf Weinbau um. 1982 kelterte Peter Hermann den ersten Jahrgang. Von Anfang an unterstützte ihn seine liebenswürdige Frau Rosi mit Rat und Tat.

Peter Hermanns Weingut weist mindestens zwei Besonderheiten auf: Zum einen bewirtschaftet er mit dem aus sandigem Lehm bestehenden Badwingert den nördlichsten Rebberg von Graubünden. Zwei Kilometer vom Dorf entfernt taucht man da in eine abgeschiedene, friedliche Welt ein. Zum andern besteht sein Rebsortenspiegel zu fünfzig Prozent aus weissen Trauben. Auf die Produktion umgelegt, dürfte er mehr Weisswein

als Rotwein erzeugen. Es stünde ihm damit der inoffizielle Titel des Weissweinkönigs von Graubünden zu.

Peter Hermann ist ein heiterer, zugänglicher, friedliebender Mensch. Als Tramper hat er einst die halbe Welt bereist. Auch mit bald sechzig Jahren scheint das Fernweh nicht nachzulassen – immer wieder kehren Rosi und er der Herrschaft den Rücken. Seine zehn Weine spiegeln diesen sanften und zugleich welterfahrenen Charakter. Die Weissen singen teilweise das Lied der Restsüsse. Sowohl der frisch-fruchtige Riesling-Silvaner wie der gehaltvolle Pinot gris zielen in die liebliche Richtung, wobei die Süsse durch eine saftige Säure ausbalanciert wird. Eher auf der süssen Seite bewegte sich früher auch der Sauvignon blanc. Heute erzeugt ihn Hermann glücklicherweise trocken. Denn dieser Sauvignon blanc ist ein fabelhafter Tropfen: Zitrus-, Brennnessel- und Holundernoten im Bouquet, ein schlanker, nicht zu alkoholbetonter Körper, getragen von knackiger Säure und einem salzigen Finale. Peter Hermann vergärt den Most zur Hälfte im Stahltank und im 500-Liter-Fass und verzichtet auf den biologischen Säureabbau.

Rotweine gibt es im Hinterdorf 6, wo die Familie wohnt und keltert, drei zu kaufen: Pinot noir Classic und Pinot noir Selection sind sanfte, subtile Blauburgunder – mehr auf der Kirschen- und Beerenseite der erste aus dem Stahltank und dem grossem Holzfass; mit Röstaromen und kräftigerer Struktur der barriquegereifte Wein. Gewicht und Säure stimmen. Peter Hermann hält den Ertrag mit 600 bis 700 Gramm pro Quadratmeter nicht zu tief und favorisiert, der Frische und Eleganz zuliebe, eine eher frühe Ernte. Drittes rotes Gewächs ist eine originelle Cuvée aus Zweigelt, Merlot und Pinot noir namens «Terra Noir». Ein würziger, tanninbetonter dunkelfruchtiger Wein, mit dem Peter Hermann seine Liebe zu Österreich auslebt.

In Fläsch steht in mehreren Betrieben bereits die dritte Winzergeneration in der Verantwortung. Bei Markus Adank ist es Sohn Jan, im Weingut St. Luzi Heinz Kunz junior. Bei Peter und Rosi Hermann steht Roman Hermann vor der Tür. Die Winzerlehre hat er absolviert, in Neuseeland bei Georg Fromm und in Oregon auf dem Villa Kenzie Estate hat er fremde Luft geschnuppert und Praxis gewonnen. Nun lässt er sich im deutschen Weinsberg zum Weintechniker ausbilden. Roman Hermann hat sich von der Neuen Weinwelt inspirieren lassen. Er plädiert für opulentere Weine aus später Lese und geringem Ertrag. Ein allenfalls hoher Alkoholgehalt schreckt ihn nicht. In Oregon würden sie dann eben entalkoholisieren. Peter Hermann lacht und scheint der Sache nicht ganz zu trauen. Doch er ist viel zu harmoniebedürftig, als dass er mit seinem Sohn nicht den «Rank» finden würde.

DANIEL UND MONIKA MARUGG

Fläsch

Weingut Bovel

Familie Daniel Marugg

7306 Fläsch

Telefon 081 302 29 28

www.weingut-bovel.ch

Anbaufläche

6 Hektar

Wichtigste Rebsorten

Riesling-Silvaner,

Sauvignon blanc,

Chardonnay, Pinot noir

Jährliche Produktion

30 000 Flaschen

Daniel Marugg ist ein Hüne von Gestalt. Darauf angesprochen, witzelt er: «Logisch, darum habe ich ja eine Appenzellerin geheiratet.» Monika, seine Frau, hat das vermutlich schon mehrmals gehört und lächelt pflichtschuldig. Doch Daniels Antwort kommt unerwartet. Denn der gross gewachsene, athletische Winzer wirkt bei der ersten Begegnung introvertiert. Hat er aber einmal Vertrauen gefasst, verliert er die Zurückhaltung, wird gesprächig und zeigt Humor.

Die Erwähnung von Daniel Maruggs Körpergrösse drängt sich nicht nur deswegen auf, weil sie als Erstes auffällt, sondern weil sie durchaus auch den Vergleich mit seinen Weinen provoziert: So kolossal der Mann aus der Gruppe der Bündner Winzer herausragt, so markant tun das auch seine famosen Weine aus dem Angebot der Herrschaft. Daniel Marugg gehört zu den massgeblichen Winzern der Szene, und wäre er weniger ruhig und grüblerisch veranlagt, würde er auch in der Öffentlichkeit stärker als ein Leader wahrgenommen.

1965 geboren, profitierte Daniel Marugg wie viele gleichaltrige Kollegen von der Gütermelioration der Väter. Vater Marugg gehörte zu den treibenden Kräften, stellte von der gemischtwirtschaftlichen Landwirtschaft auf Weinbau um und kelterte 1976 den ersten Jahrgang. Daniel schuldet ihm heute Dank: «Die Generation meines Vaters war im hiesigen Weinbau die Pioniergeneration. Sie pflegte einen intensiven freundschaftlichen Kontakt und tauschte regelmässig ihr Wissen aus. Sie legte damit die Basis für uns Junge.»

Nur, was verdienstvoll gesät wird, könnte durch Misswirtschaft auch wieder vernichtet werden. Daniel Marugg jedoch wusste das Erbe zu mehren. 1995 pachtete er das väterliche Weingut in der Lage Bovel etwas ausserhalb des Dorfs am Fuss der Fläscher Halde. «Bovel» ist eine rätoromanische Flurbezeichnung und bedeutet «Ochsenweide». 1999 konnte er das Weingut erwerben. Zäh und ausdauernd, nicht gefeit vor Rückschlägen, begründete er gemeinsam mit seiner Frau Monika, die sich mit ihm die Administration teilt und für die Laubarbeiten besorgt ist, die heutige Reputation.

Ein erster entscheidender Schritt bestand darin, jeder Rebsorte den richtigen Ort zuzuweisen. Die heisse, trockene Fläscher Halde mit hohem Schieferanteil eignet sich Maruggs Ansicht nach schlecht für den Blauburgunder. Der pH-Wert der dort wachsenden Trauben liegt hoch, was zu Stabilitätsproblemen führen kann. Die Weine werden

marmeladig. So stellte er seinen Rebberg in der Halde auf die weissen Sorten Sauvignon blanc, Chardonnay und Pinot gris um, was die daraus gekelterten Weine ihm mit prägnanter Mineralität danken. Für den Pinot noir dagegen reservierte er den kalkhaltigen Boden im Fläscher Feld. Vier Hektar bewirtschaftet er nun auf der anderen, Maienfeld zugekehrten Seite des Dorfs: Burgunderklone in hoher Dichte, um den Stockertrag mit 500 Gramm klein halten zu können, aber auch ältere, später reifende Schweizer Spielarten, die ihre Qualität in Jahren mit langen, sonnigen Herbsten ausspielen.

Obwohl Daniel Marugg wunderbare Weisse erzeugt – etwa den nach Holunder und Stachelbeeren duftenden, kräftig-eleganten Sauvignon blanc und den dichten, holzgeprägten, mineralisch-herben Chardonnay –, ist er ein Pinot-noir-Zauberer erster Güte. Er hat seine Burgunder-Lektionen gelernt, will sagen, die entsprechenden Reisen absolviert. Und so schimmert eine burgundische Grundfärbung durch seine beiden Pinot noirs, den klassischen, im grossen Holzfass ausgebauten Wein mit Beerennoten, Kirschenfrucht und Tiefgang sowie die komplexere «Selection Bovel», die – wichtig – von der Flaschenreife profitiert.

Dennoch sind Daniel Maruggs Pinot noirs klar erkennbar Fläscher Weine: muskulös, von einer gewissen Opulenz, aber nie korpulent oder aufdringlich fruchtsüss. Bis zum heutigen Ausdruck hat er viel Ballast abwerfen müssen. Die Maischebearbeitung wurde sanfter, die Extraktion schwächer, die Fruchtfinesse durch Ganztraubenvergärung verbessert. Der Anteil an Neuholz verringerte sich auf ein Drittel, die Güte der Barriques stieg. Mit François Frères hat er nun eine «Tonnellerie» von herausragender Qualität gefunden. Der frische, filigrane 2008er hat die Eiche famos geschluckt.

Welches sind die Themen der Zukunft? Marugg nennt in erster Linie die Klimaerwärmung, welche die Öchslegrade der Bündner Weine in die Höhe schiessen lässt, die Alkoholwerte hochtreibt und zu schweren, brockigen Weinen zu führen droht. Vermehrt gerät durch diese Veränderung der akkurate Erntezeitpunkt ins Visier, abgestimmt auf die Rebsorte und den jeweiligen Reifegrad der unterschiedlichen Klone. Zudem verliert der Föhn für jene, die im Weinberg erstklassige Arbeit leisten, an Bedeutung. «Solange er schönes Wetter bringt, ist er uns willkommen. Bläst er aber zu stark, jagt die Verdunstung die Öchslewerte in ungeliebte Höhen.» Noch gibt es kein Patentrezept. Doch keine Bange, Daniel Marugg und andere ihm ebenbürtige Kollegen werden auch diese Herausforderung meistern.

Jann und Sarah Marugg

Fläsch

Jann Marugg Weinbau
Hintergasse 2
7306 Fläsch
Telefon 081 302 74 16
jann.marugg@bluewin.ch

Anbaufläche
2,4 Hektar und 0,5 Hektar
Traubenzukauf

Wichtigste Rebsorten
Sauvignon blanc,
Chardonnay, Pinot blanc,
Pinot noir

Jährliche Produktion
15 000 Flaschen

Jann Marugg wuchs in einer Weinbauernfamilie auf. Sein vier Jahre älterer Bruder Daniel durfte den elterlichen Betrieb übernehmen. Der kleinere Bruder – das Attribut kann für einmal ganz wörtlich genommen werden, obwohl auch Jann keineswegs von zwergenhafter Grösse ist – liess sich dadurch nicht entmutigen, sondern lernte trotz ungewisser Perspektive Winzer und Weinküfer. Auch in ihm fliesst Weinbauernblut. Acht Jahre arbeitete er als Kellermeister bei Jürg Obrecht in Jenins, dem neben Volg, Von Salis und Cottinelli grössten Verwertungsbetrieb der Herrschaft, und lernte dort mundgerechte Weine herzustellen, vornehmlich in Halbliterqualität. Auf die Dauer war ihm das vermutlich zu anspruchslos. Denn als 1999 in Fläsch eine Rebzonenerweiterung durchgeführt wurde, tauschte sein Vater Ackerland gegen Rebland im Fläscher Feld und bot die 2,4 Hektar seinem jüngeren Sohn an. Dieser liess sich nicht zweimal bitten und machte sich mit Unterstützung des Vaters an die Bepflanzung. Ohne Rücksicht auf Traditionen nehmen zu müssen, setzte er Chardonnay, Sauvignon blanc, Weiss- und Blauburgunder in jungfräulichen, kalkreichen Boden.

Jann Maruggs fünf Weine entstehen mitten im Dorf im ehemaligen Familienkeller. «Der jüngste Betrieb keltert im ältesten Keller», sagt er lachend. Der im Stahltank vergorene, geradlinige Sauvignon blanc besitzt eine glasklare Holunder- und Zitrusfrucht. Chardonnay fermentiert in Barriques, zu einem Drittel neu, mit «Bâtonnage». Er zeigt sich 2008 überraschend üppig, mit Fruchtsüsse und deutlicher, leicht trockener Holznote. Der Weissburgunder ist im warmen Jahr 2009 unfreiwilig süss geraten. Früher einmal bewusst als lieblicher Wein angelegt, schwenkte Marugg auf trocken um. Dass er diesmal

wieder auf die süsse Seite kippte, ist das Resultat einer schwierigen Vergärung. Marugg wollte aber nicht intervenieren. «Ich will keine gemachten Weine.»

Pinot noirs gibt es erfreulicherweise nur zwei: Der fruchtige, weiche, klassische Blauburgunder reift im grossen Holzfass und im Stahltank. Die «Réserve» absolviert eine Maischestandzeit und wird in teilweise neuen Barriques ausgebaut. Der Ertrag liegt für beide Gewächse bei 600 Gramm pro Quadratmeter. Marugg selektioniert bei der Ernte aus dem Bauch heraus. Mit der 2008er «Réserve» ist er unzufrieden. «Das Wachstum war unharmonisch, das Traubengut stimmte nicht.» Die noch jungen Reben aus diesem jungfräulichen Boden benehmen sich ziemlich ungestüm und sind schwer im Gleichgewicht zu halten. Selbstkritisch räumt Jann Marugg ein, dass er erst am Anfang steht. Anlass zur Sorge hat er allerdings nicht: Die Reben werden älter und berechenbarer werden. Sein Potenzial, gerade auch bei den Weissen, zeichnet sich klar ab. Durch den Sommer 2010 baute er den Keller um. Die Ernte 2010 konnte erstmals im neuen Keller im alten Haus verarbeitet werden. Sicherlich ein weiterer Schritt in eine erfolgreiche Zukunft.

Thomas und Edith Marugg

Fläsch

Weingut Thomas Marugg

Ausserdorf 38

7306 Fläsch

Telefon 081 302 14 43

www.marugg-weine.ch

Anbaufläche

5 Hektar und 1 Hektar

Traubenzukauf

Die wichtigsten Rebsorten

Riesling-Silvaner,

Chardonnay,

Blauburgunder

Jährliche Produktion

35 000 Flaschen

Ein an der Wand angebrachtes Lichtband weist den Weg zu Thomas Maruggs neuem Barriquekeller. Wir betreten den dezent und geheimnisvoll erleuchteten Raum, aus dem punktartig beleuchtet die Eichenfässchen hervorstechen. Der Fläscher Architekt Kurt Hauenstein hat hier eine Kapelle des Weins errichtet, deren rohe Wände aus aufgespritztem Beton im eigentümlichen Kontrast zur weihevollen Atmosphäre stehen. Es ist das reine Vergnügen, hier Thomas Maruggs Weine zu verkosten, zumal draussen ein nasskalter Wintertag sein hartes Regime führt.

Thomas Marugg, nur weit entfernt verwandt mit den Brüdern Daniel und Jann Marugg, beginnt mit seinem Riesling-Silvaner. Es ist ein frischer, süffiger Wein mit Zitrus- und Muskat-Aromen, einer lebendigen Säure und einer diskreten süssen Spitze. Die Gärung wurde bei zwei Gramm Restzucker gestoppt. Leicht süss wirken auch der vollmundige Pinot gris und der kräftige, alkoholreiche, in teilweise neuen Barriques ausgebaute Chardonnay «Ruofanaera». Thomas Marugg hat den Chardonnay wie auch den roten Diolinoir in Salgesch entdeckt, als er nach der Winzerlehre ein Önologiejahr absolvierte. Er

pflanzte die Sorten mit einer Ausnahmebewilligung in der Fläscher Halde, in der frühen Lage Brittis an.

Die Geschichte des Weinguts Thomas Marugg, die einem der jetzige, 1966 geborene Inhaber mit melancholischem Blick unter dicken Augenbrauen hervor erzählt, klingt ähnlich wie in anderen Torkeln des Dorfs. Aus der Güterzusammenlegung 1968 bis 1974 entstanden, verkauften Grossvater und Vater – beide schon mit Vornamen Thomas – die Trauben zunächst dem Volg, bevor dann ab 1986 allmählich auf Selbstkelterung umgestellt wurde. 1988 kehrte der jüngste Thomas nach Fläsch zurück, 1997 übernahm er den Betrieb.

Inzwischen sind wir beim aromatisch-würzigen Schiller angelangt, der den Rosé abgelöst hat. Getreu der Vorgabe werden Pinot noir, Chardonnay und Pinot gris gemeinsam zu einem schönen Sommerwein gekeltert. Die Blauburgunder stellen sich in einer Dreierformation auf. Mengenmässig führend ist die klassische Version aus dem Stahltank und dem grossen Holzfass mit kräftiger, etwas kompottartiger Frucht. Auslese und

Barrique unterscheiden sich bloss durch den Ausbau. Die Trauben kommen aus einer alten Anlage im Feld und einem Ertrag von 600 Gramm pro Quadratmeter. Die Auslese reift im 1000-Liter-Fass und in zwei- und dreijährigen Barriques. Der Neuholzanteil des Barrique beträgt 33 Prozent. Beide Weine erhalten zur Farb- und Strukturverdichtung drei bis vier Prozent Diolinoir. Der kernige, fleischige, holzbetonte Barrique bringt Marugg regelmässig Meriten ein: Der 2005er holte an der Vinea in Sierre die Grosse Goldmedaille. Der 2007er wurde Zweiter im Grand Prix du Vin Suisse. Obwohl nach Maruggs Einschätzung der Trend zu reinsortigen Weinen hin geht, erzeugt er aus Blauburgunder und Diolinoir die Cuvée «Brittis». Diolinoir schenkt dem burschikos-rustikalen Wein Farbe, Rückgrat und Tannin; Pinot noir fügt Aromatik und Frucht bei.

Zum Schluss präsentiert Thomas Marugg stolz die neuen Etiketten, die ab 2009 die betulichen alten ablösen. Sie wirken nobel, zurückhaltend modern und passen zum neuen Keller. Sie sind schwarz wie die Berufsuniform der Architekten. Kein Wunder: Entworfen hat sie Kurt Hauenstein.

ANHANG

BÜNDNER-WEIN-ABC

AOC

Appellation d'Origine contrôlée. Die kontrollierte Herkunftsbezeichnung ist seit dem Jahrgang 2008 in Kraft und regelt die Verschnittpraktiken. Hat auf die Qualität der Bündner Weine insofern Einfluss, als Mischungen zwischen den einzelnen Gemeinden erschwert werden.

Barrique

Kleines, 225 Liter fassendes Eichenholzfass, in dem der junge Wein ausgebaut wird. Er erhält dadurch eine kräftige Gerbstoffstruktur und vermag besser zu altern. Die Methode blickt im Bordelais und im Burgund (wo sich das Fässchen «Pièce» nennt) auf eine lange Tradition zurück. In Graubünden begann man ab den siebziger Jahren verbreitet damit zu experimentieren. Als Barrique-Pionier gilt der Malanser Winzer Thomas Donatsch.

Bâtonnage

Aufrühren der Gärhefe im Fass während des Ausbaus hochwertiger Weissweine. Macht die Weine rund und füllig.

Blauburgunder

Graubündens wichtigste Traubensorte, im 17. Jahrhundert vermutlich von heimkehrenden Söldnern aus dem Burgund importiert, auch Pinot noir genannt. Anbaufläche: 325 Hektar.

Bündner Herrschaft

Gebiet, das die vier grössten Rebbaugemeinden Graubündens umfasst: Malans, Jenins, Maienfeld, Fläsch. Der heute noch für den Kreis gebräuchliche Name «Bündner Herrschaft» leitet sich von der Zeit her, als die Gerichte Maienfeld und Malans Untertanengebiet des Grauens, des Gotteshaus- und des Zehntengerichtsbunds waren. Die drei Bünde bildeten einen Freistaat, der sich erst 1798 der Eidgenossenschaft anschloss.

Cabernet Sauvignon

Spät reifende Traubensorte aus dem Bordelais. Besitzt in Graubünden den Status eines Exoten und reift nicht immer wie gewünscht aus. Anbaufläche: 0,8 Hektar.

Chaptalisation	Beifügung von Zucker («Aarberger Sonne») zum Most, um den Alkoholgehalt des Weins zu erhöhen, benannt nach dem Mentor dieser Konzentrationsmethode, dem Franzosen Jean-Antoine Chaptal (1756–1832). Ist im Zeichen der Klimaerwärmung in Graubünden eigentlich überflüssig geworden.
Chardonnay	Weissweinsorte aus dem Burgund, die sich gut mit den kalkhaltigen Böden des Bündner Weinbaugebiets verträgt. Anbaufläche: 14 Hektar.
Churer Rheintal	Anbaugebiet von Bonaduz bis Igis. Fläche: 72 Hektar.
Completer	Vermutlich einheimische weisse Rebsorte, auch Malanser Rebe genannt, weil sie bereits im Mittelalter in der Malanser Completerhalde angebaut wurde. Ein Completer-Rebberg wird erstmals 1321 in einer Urkunde des Domprobsts Rudolf von Montfort als Besitz des Domkapitels Chur genannt. Ihren Namen verdankt die Rebsorte dem Umstand, dass die Chorherren des Churer Stifts den Wein jeweils nach dem letzten Stundengebet, der Complet, in der Sakristei genossen. Neuste pflanzengenetische Studien haben ergeben, dass der Completer der Vater des Walliser Lafnetscha ist. Die säurereiche Sorte ist sehr anspruchsvoll, gedeiht nur in den wärmsten Lagen und ist deshalb Mitte des 20. Jahrhunderts praktisch ausgestorben. In jüngster Zeit erlebte sie eine schüchterne Renaissance. Heutige Anbaufläche: 2,4 Hektar.
Federweisser	Bezeichnung für einen fruchtigen, geschmeidigen Weisswein aus Blauburgunder, ein Blanc de Noir. Die Trauben werden nach dem Entrappen sogleich abgepresst und vergoren.
Ganztrauben-pressung	Die Trauben vergären unzerquetscht mit ihrem Stielgerüst. Innovative Winzer experimentieren damit vor allem bei einem Teil des Blauburgunders und erhoffen sich davon mehr Fruchtfrische und eine kräftigere Tanninstruktur.
Gewürztraminer	Sehr aromatische weisse Spezialität, häufig mit Restsüsse ausgebaut. Anbaufläche: 1 Hektar.
Grauburgunder	Trocken und süss gekelterte, ziemlich üppige Weissweinsorte, auch Pinot gris genannt. Anbaufläche: 10 Hektar.

Kaltmazeration	Französisch «macération préfermentaire» genannte Methode der Einmaischung der Traubenschalen im stark gekühlten Most, bei der eine günstige Zusammensetzung der Phenole (Tannine, Farbstoffe) extrahiert wird. Wird häufig beim Pinot noir angewendet.
Klon	Griechisch, «Schössling». Durch ungeschlechtliche Vermehrung mittels Stecklingsvermehrung aus einem Rebstock entstandene erbgleiche Nachkommenschaft.
Mazeration	Extraktionsphase von Farbe, Gerbsäuren und Aromastoffen vor (Kaltmazeration), während und eventuell auch nach der Maischegärung.
Merlot	Neben Blauburgunder die zweitwichtigste rote Rebsorte, die in der Bündner Herrschaft allerdings wohl nie über den Status einer Spezialität hinauskommen wird. Anbaufläche: 3,3 Hektar.
Pinot blanc	Siehe Weissburgunder.
Pinot gris	Siehe Grauburgunder.
Pinot noir	Siehe Blauburgunder.
Pinot R(h)ein	Gemeinschaftsprojekt der vier Bündner Produzenten Thomas Mattmann (Cicero Weinbau, Zizers), Gebrüder Liesch, Malans, Hanspeter Lampert, Maienfeld, und Hansruedi Adank, Fläsch. Die vier (besser fünf) «Musketiere» selektionieren alljährlich gemeinsam in jedem Keller das beste Barrique, assemblieren den Wein, verteilen ihn wieder auf die neuen und die einjährigen Fässchen und füllen ihn nach mindestens zwölf Monaten Ausbauzeit als einen gemeinsamen Pinot noir ab. Die Produktion beträgt derzeit 1200 Flaschen. Fraglich bleibt, ob der teure, ambitionierte Wein besser ist als seine Einzelteile – ein geschickter Marketingzug ist er in jedem Fall. Und alle Beteiligten profitieren vom gegenseitigen Meinungs- und Erfahrungsaustausch (www.pinotrhein.ch).
Riesling	Die edelste Weissweinsorte der Welt. Wird in Graubünden von einigen wenigen Bündner Fans auf 0,75 Hektar Fläche angebaut und zu einem leicht restsüssen, filigranen Weisswein im Moselstil verarbeitet.

Riesling-Silvaner	Mit einer Anbaufläche von 31 Hektar bedeutendste Weissweinsorte Graubündens, trocken und leicht restsüss ausgebaut. Die Sorte wurde vom Thurgauer Rebenzüchter Hermann Müller geschaffen und heisst deshalb in Deutschland Müller-Thurgau. Irrtümlicherweise hielt man sie lange für eine Kreuzung von Riesling und Silvaner. Neue pflanzengenetische Forschungen haben aber ergeben, dass Professor Müller die Sorte Madelaine Royal mit Riesling gekreuzt hatte. In Graubünden hält man aus naheliegenden Gründen (Thurgau!) am alten Namen Riesling-Silvaner fest.
Saignée	Massnahme bei der Rotweinvinifizierung. Vom gefüllten Tank wird noch vor Gärbeginn ein Teil des Safts abgelassen, um das Verhältnis zwischen Saft sowie Häuten und Kernen zu verändern und damit in der Extraktionsphase eine grössere Gerb- und Farbstoffausbeute zu erzielen.
Sauvignon blanc	Aromatische Weissweinsorte, die in jüngster Zeit einen kleinen Aufschwung erlebt hat und sich auf verschiedenen Terroirs wohlzufühlen scheint. Anbaufläche: 8 Hektar.
Schiller	Typische Bündner Spezialität: Der frisch-fruchtige, hellrote Wein ist eine «Cuvée» aus Blauburgunder und weissen Trauben, vornehmlich Chardonnay und/oder Pinot Gris. Die Reben müssen in der gleichen Parzelle angepflanzt und die Trauben zusammen gekeltert werden. Der Anteil roter Trauben muss mengenmässig überwiegen.
Selbstkelterer	Weinerzeuger, die vorwiegend Trauben aus eigener Produktion keltern, ausbauen und vermarkten. Die Selbstkelterer beherrschen mit einem Anteil von gut sechzig Prozent an der Gesamtproduktion die Bündner Weinwirtschaft.
Spontangärung	Vergären des Mostes mit rebbergeigenen Hefen. Kann riskant sein und zu Fehlentwicklungen, aber auch zu authentischeren, charaktervolleren Weinen führen.
Syrah	Rotweinspezialität für jene, die neben Blauburgunder ein zweites Standbein suchen. Anbaufläche: 1,8 Hektar.
Torkel	Traditionelle Bündner Bezeichnung für den Weinkeller/Kelterraum.

Vinotiv

Schlagkräftiger Zusammenschluss von zwölf der renommiertesten Betriebe der Bündner Herrschaft zwecks Erfahrungsaustausch, gegenseitiger Weinkritik und gemeinsamer Auftritte. Derzeitige Mitglieder sind die Malanser Martin Donatsch, Georg Fromm und Peter Wegelin, die Jeninser Irene Grünenfelder, Jan Luzi, Christian und Francisca Obrecht und Annatina Pelizzatti, die Maienfelder Schloss Salenegg und Markus Stäger sowie die Fläscher Andrea Davaz, Christian Hermann und Daniel Marugg (www.vinotiv.ch).

Volg Weinkellereien Winterthur

Grösster ausserkantonaler Verwertungsbetrieb mit eigener Rebstation in Malans und der zentralen Weinkellerei in Winterthur. Volg, eine Tochtergesellschaft der Fenaco, übernimmt von 67 Produzenten aus neun Gemeinden etwa zehn Prozent der Bündner Ernte und erzeugt daraus nicht weniger als zehn Blauburgunder mit Gemeindeappellation – darunter den renommierten Malanser Schloss Bothmargut –, drei Riesling-Silvaner, einen Trimmiser Sauvignon blanc, einen Churer Schiller sowie den mächtigen Malanser Completer Barrique.

Weissburgunder

Typische, gut eingeführte Weissweinspezialität, auch Pinot blanc genannt. Ergibt dezente, elegante Essensbegleiter. Anbaufläche: 10 Hektar.

DIE JAHRGÄNGE

Jeder Winzer erlebt einen Jahrgang anders. Seine Bewertung bezieht sich auf die eigene Erfahrung sowie auf den Charakter des eigenen Weins und kann nur bedingt Allgemeingültigkeit beanspruchen. Die nachfolgende Beschreibung der vergangenen zehn Jahre beruht deshalb auf den Jahrgangsberichten von Rebbaukommissär Hans Jüstrich, der das jeweilige Rebjahr aus einer distanzierteren und objektiveren Sicht betrachtet. Vorauszuschicken ist, dass es heute dank der Klimaerwärmung, einem verbesserten Rebbau und den rigorosen Fortschritten der Kellertechnik keine schlechten Jahrgänge mehr gibt, sondern allenfalls misslungene Weine eines schlecht disponierten Winzers.

2000
Grosser Ertrag,
ausgezeichnete
Qualität

Die Weinernte 2000 betrug 24 650 Hektoliter. Dies entspricht 3,3 Millionen Flaschen Wein. Damit lag die Ernte 15 Prozent über dem langjährigen Mittel. Die Qualität ist erstaunlich: Sie ergab beim Riesling-Silvaner 82 Grad Öchsle und beim Blauburgunder 98 Grad, ein Spitzenergebnis. Es ist der höchste Wert, den der Blauburgunder seit der Einführung der Weinlesekontrolle vor mehr als vierzig Jahren erreicht hat. Die Reben profitierten während der ganzen Vegetation von ihrem Vorsprung, den sie in den Monaten April, Mai und Juni herausgeholt hatten.

2001
Klein, aber fein

Die Weinernte 2001 betrug 18 700 Hektoliter. Dies entspricht 2,5 Millionen Flaschen Wein. Damit lag die Ernte 13 Prozent unter dem zehnjährigen Mittel. Die Qualität ist hervorragend: Der Riesling-Silvaner erreichte 82 Grad Öchsle und der Blauburgunder 99 Grad, den höchsten Wert. Die ausgezeichnete Qualität ist den kleinen Erträgen und dem goldenen Oktober zu verdanken.

2002
Föhn sei Dank,
ein sehr schöner
Jahrgang

Die Weinbauern im Bündner Rheintal waren zufrieden – ihr ältester Verbündeter, der Föhn, hatte zusammen mit dem warmen Sommer für eine sehr gute Reife der Trauben gesorgt. In der zweiten Oktoberhälfte bestimmte der warme Wind Tag für Tag das Wetter im Churer Rheintal. Damit ermöglichte er das perfekte Ausreifen der Trauben und sorgte auch für angenehme Temperaturen und beste Stimmung bei der Weinlese. Mit einem Durchschnitt von 94 Grad Oechsle beim Blauburgunder und 80 Grad beim Riesling-Silvaner ist die Qualität im stolzen Bereich. Die Menge war mit 22 600 Hektoliter deutlich grösser als im Vorjahr, sie lag sieben Prozent über dem langjährigen Mittel.

2003
So süsse Trauben wie noch nie

Die Bündner Weinbäuerinnen und Weinbauern sind von der Qualität begeistert. Die Reben haben vom trockenen und oft heissen Wetter profitiert und im Herbst mit zuckersüssen Trauben aufgewartet. Die Lese erfolgte bereits im September, so früh wie letztmals im Jahr 1947. Die Weinernte 2003 betrug 20 800 Hektoliter, dies sind 2,8 Millionen Flaschen Wein. Damit entspricht sie dem zehnjährigen Mittel. Die Zuckergehalte sind so hoch wie noch nie zuvor: Der Blauburgunder erreicht 106 Grad Öchsle, einen absoluten Rekordwert. Diverse rote und weisse Spezialitäten weisen ebenfalls Werte über 100 Grad Öchsle auf.

2004
Ausgezeichnete Qualität

Die Bündner Weinbäuerinnen und Weinbauern sind überrascht und zufrieden zugleich. Die Qualität ist ausgezeichnet und die Menge liegt leicht über dem Mittel. Die Lese erfolgte rund eine Woche später als üblich. Die Weinernte 2004 betrug 22 900 Hektoliter. Dies sind 3 Millionen Flaschen Wein. Damit lag sie acht Prozent über dem zehnjährigen Mittel. Die Trauben waren süsser als erwartet. Der Blauburgunder erreichte 98 Grad Öchsle, einen höchst erfreulichen Wert. Einige rote und weisse Spezialitäten wiesen ebenfalls Werte um 100 Grad Öchsle auf.

2005
Ausgezeichnete Qualität dank sonnigem Herbst

Der Herbst vollbrachte ein Wunder in den Bündner Rebbergen: Der Blauburgunder erreichte 100 Grad Öchsle, den zweithöchsten je gemessenen Wert. Die Menge lag mit 23 000 Hektoliter neun Prozent über dem zehnjährigen Mittel, was etwas mehr als drei Millionen Flaschen Wein entspricht.

2006
Klein, aber fein

Winzer und Wetter haben für eine kleine, aber qualitativ ausgezeichnete Ernte gesorgt. Der Blauburgunder erreichte einen Zuckergehalt von 100 Grad Öchsle, den gleich hohen Wert wie im Vorjahr. Die Menge lag mit 19 600 Hektolitern acht Prozent unter dem zehnjährigen Mittel. Dies entspricht etwas mehr als 2,6 Millionen Flaschen Wein.

2007
Ende gut, alles gut

Die Weinernte 2007 betrug 22 500 Hektoliter. Dies entspricht drei Millionen Flaschen Wein mit einem Inhalt von 7,5 dl. Damit lag die Ernte leicht über dem zehnjährigen Mittel. Der Blauburgunder erreichte einen Zuckergehalt von 98 Grad Öchsle.

2008
die grosse
Überraschung

Die Weinernte 2008 betrug 25 740 Hektoliter. Dies entspricht 3,4 Millionen Flaschen Wein mit einem Inhalt von 7,5 dl. Damit lag die Ernte 18 Prozent über dem zehnjährigen Mittel. Der Blauburgunder erreichte einen Zuckergehalt von 100 Grad Öchsle.

2009
Freude herrscht

Guter Ertrag und ausgezeichnete Qualität: Die Weinernte 2009 betrug 25 400 Hektoliter. Dies entspricht 3,4 Millionen Flaschen mit einem Inhalt von 7,5 dl oder 18 Flaschen pro Bündner Einwohner. Damit lag die Ernte 13 Prozent über dem zehnjährigen Mittel. Der Blauburgunder erreichte einen Zuckergehalt von 104 Grad Öchsle, die zweithöchste Gradation nach dem legendären Jahrgang 2003.

Bündner Weine kaufen und trinken

Bis auf Daniel und Martha Gantenbein in Fläsch stehen alle in diesem Buch beschriebenen Weingüter Besucherinnen und Besuchern offen. Voraussetzung ist eine vorherige Anmeldung. In vielen Kellern sind die Weine rasch ausverkauft. Garantie für einen Kauf gibt es nicht.

Vinotheken und Weinstuben

Vinothek von Salis

Kruseckgasse 3

7304 Maienfeld

Telefon 081 302 50 57

www.von-salis-wein.ch

Montag bis Freitag 14 bis 18 Uhr

Samstag 9.30 bis 16 Uhr

Täglich Degustationen von Bündner Weinen, Verkauf von Bündner Spezialitäten

Weinstube Alter Torkel

7307 Jenins

Telefon 081 302 36 75

www.torkel.ch

Mai bis November täglich geöffnet

März und April Dienstag und Mittwoch Ruhetag

Januar und Februar Betriebsferien

Hotels/Restaurants mit exzellenter Auswahl an Bündner Weinen

Grand Resort Bad Ragaz

7310 Bad Ragaz

Telefon 081 303 30 30

www.resortragaz.ch

Das Grand Resort Bad Ragaz hat in jüngster Vergangenheit 230 Millionen Franken investiert, um das führende Wellnesshotel Europas zu werden. Weit weniger Geld braucht es, um auf flüssige Weise für persönliches Wohlgefühl zu sorgen: Die drei Restaurants des Resorts, inbesondere die famose «Äbtestube» mit Kochkünstler Roland Schmid am Herd, bieten eine Weinkarte, die bei den Bündner Weinen praktisch keine Wünsche offen lässt. «Das Grand Resort ist der grösste Abnehmer von Weinen aus der Herrschaft. Ein Lebensnerv für die Region. Ihm haben wir viel zu verdanken», sagt Winzer Christian Hermann.

Hotel Waldhaus

7514 Sils-Maria

Telefon 081 838 51 00

www.waldhaus-sils.ch

Im schönsten Hotel des Engadins gibt Hotelier Felix Dietrich den Stab seinen Söhnen Claudio und Patrick weiter, die fortan die Geschicke des traditionsreichen Hauses – «a familiy affair since 1908» – zusammen mit ihrer Mutter Maria Dietrich und Onkel Urs Kienberger lenken. Was sich bestimmt nicht ändert, ist die wunderbare Weinkarte des «Waldhaus» mit ihrer fabelhaften Auswahl an Bündner Weinen – neben vielen anderen vinologischen Trouvaillen.

Romantik Hotel Stern

Bündner Stuben

Reichsgasse 11

7000 Chur

Telefon 081 258 57 57

www.stern-chur.ch

Für Adrian K. Müller, innovativer Hotelier im mindestens dreihundert Jahre alten «Stern», ist es Ehrensache, dass er zu seiner Speisekarte mit Bündner Spezialitäten wie Capuns, Maluns oder Pizzoccheri neri, von Küchenchef Martin Brinner authentisch und schmackhaft zubereitet, eine Weinkarte mit den schönsten Bündner Gewächsen anbietet.

DANK

Ein grosses Dankeschön geht an folgende Stiftungen, Vereine, Hotels und Privatpersonen für die Unterstützung der Arbeit an diesem Buch:

Stiftung Dr. M. O. Winterhalter
Branchenverband Graubünden Wein
Grand Resort Bad Ragaz
Hotel Waldhaus Sils-Maria
Romantik Hotel Stern Chur
Andrea Davaz
Lüthi + Schmid Architekten, Luzern
Milo Pfister
Air Grischa Helikopter AG, Untervaz

Sämtliche Bilder in diesem Buch wurden mit Sony-Kameras und Zeiss-Objektiven aufgenommen.